道德經

智慧全解

林文力 著

華中科技大學出版社
http://www.hustp.com
中国·武汉

图书在版编目（CIP）数据

道德经智慧全解 / 林文力 著. -- 武汉 : 华中科技大学出版社, 2013.11（2022.7重印）
ISBN 978-7-5609-9179-5

Ⅰ. ①道… Ⅱ. ①林… Ⅲ. ①道家②《道德经》—研究
Ⅳ. ①B223.15

中国版本图书馆CIP数据核字(2013)第146227号

道德经智慧全解 林文力 著

责任编辑：李连利
封面设计：柏拉图创意机构
责任校对：孙 倩
责任监印：张贵君
出版发行：华中科技大学出版社(中国·武汉)
武昌喻家山 邮编：430074 电话：(027)81321915 (010)84533149
印 刷：天津中印联印务有限公司
开 本：710mm×1000mm 1/16
印 张：17.5
字 数：290千字
版 次：2013年11月第1版第1次印刷 2022年7月第1版第5次印刷
定 价：35.00元

前 言

当我们面对一本书，从哪里读起，怎么读？这是一个大问题。就好比遇到一个人，怎么去了解他并做出一个判断。古人的哲学，说到底是一门教人如何思考和生活的学问，看起来虚无缥缈，却能实实在在地影响我们的生活。老子生于中国的春秋战国初期，是一位大思想家，就连被尊称为至圣先师的孔子向其“问道”之后，都曾感叹老子的见解高深，云：“朝闻道，夕死可矣！”面对一部经典，读到最后，我们看到的就不该是一堆文字，而是一颗心灵。读《论语》应该读出孔子的心灵，读《道德经》应该读出老子的心灵。孔子的心灵是热的，老子的心灵是冷的；孔子的心灵是实的，老子的心灵是虚的。“虚其心，实其腹，弱其志，强其骨”，这是《道德经》给我们的建议。

《道德经》分为上下两篇，上篇起首为“道可道，非常道；名可名，非常名”，所以人称《道经》；下篇起首为“上德不德，是以有德；下德不失德，是以无德”，所以人称《德经》。《道经》讲述了宇宙的根本，道出了天地万物变化的玄机，讲述了明暗变幻的微妙；《德经》说的是处世的方略，道出了人世的进退之术，包含了长生久视之道。

《道德经》五千言，洋洋洒洒，信手拈来，道的真义，答案自在其中。它在中国几乎是家喻户晓，长期影响了人们的思想和生活。老子通过对世态人情的深彻洞察和深刻思索，点点滴滴积淀成了关于人性修养、处世哲学、治国之道、军事哲学、养生之道等的智慧之学。

如今我们耳熟能详的许多哲理成语，比如“天网恢恢，疏而不漏”、“千里之行，始于足下”、“福祸相倚”、“大智若愚”、“哀兵必胜”、“和光同尘”等，均源自《道德经》。字字珠玑，如同警句一样开启我们的智慧，激发我们的灵感，警醒我们的意识！

当这个世界落实到实际生活中时，我们还可以读到老子为人处世的智慧精髓，如“上善若水”、“以柔克刚”、“示人以柔弱，胜人以阴谋”、“曲则全，枉则直”、“将欲夺之，必固与之”等。这些都是老子经过时代战乱、社会动荡、人事纷争和生命无常等诸多因素积淀而成的，其强调“以退为进，以守为攻”的策略。当然，老子的为人处世也不是一味退避，其实他提倡的是更大的进攻。比如，老虎捕杀猎物时，必然是先蹲下去，再跳起来猛扑；人们用拳头打人，首先要把胳膊曲起来，然后再伸出去。这其中的“蹲”和“曲”都是在蓄势，是为之后的“扑”和“伸”做准备。读懂老子，会使你成为一个柔中带刚、刚中存柔、刚柔相济的智者。

本书紧密结合现代社会的实际情况，力图将《道德经》的生存智慧、管理智慧浅显易懂地展示给读者，以共享其中的玄妙。本书以三国时期魏国王弼的《老子道德经注》为底本。书中的案例由古至今，从中到外，内容形式多姿多彩，耐人品读，或者为你指点迷津，或者为你锦上添花。

在这个人心浮躁的时代，且让我们以一颗平常心去感受《道德经》中的一字一句，感受那些隐藏在朴素字句下悠悠绽放了几千年的思想之花。

道可道，非常道。名可名，非常名。

目 录

道可道，非常道。名可名，非常名。

第一章　大道无形

道可道①，非常道②。名可名③，非常名。无④，名天地之始⑤；有⑥，名万物之母⑦。故常无⑧，欲以观其妙⑨；常有，欲以观其徼⑩。此两者，同出而异名，同谓之玄⑪。玄之又玄，众妙之门⑫。

①道可道：第一个“道”是名词，指的是宇宙的本原和实质，引申为原理、原则、真理、规律等。第二个“道”是动词，意为用言语来说明“道”。②非常道：常，同“恒”，表示事物具有一定性，其意义与数学上的“常数”、“常量”中的“常”是相同的。常道，指浑然一体、永恒存在、运动不息的大道。③名可名：第一个“名”是名词，指具体事物的名称。第二个“名”是动词，命名，称谓。④无：指道。⑤天地之始：天地的本初。⑥有：指由道而产生的万物。⑦母：母体、根源。⑧常无：一定的外界因素影响和作用。⑨妙：微妙。⑩徼（jiào）：原意为边界，此处引申为开端、端倪。⑪玄：深奥而不可理解、不可测知的。⑫众妙之门：指精深奥妙的天地万物及其变化规律由此而出的门径。

【译文】

能用言辞表述的大道，就不是永恒的大道；能够叫得出来的相名，就不是永恒的相名。天地万物未成形的样子，是天地万物的原始；万物本原的命名，是孕育万物之源。因此，要常从无目的、无拘束、无局限的状态，来观察“道”无名无形的奥妙；要常从有目的、受约束、受局限的状态，来观察“道”有名有形之外的真实。无名无形、有名有形都来源于道，是道的两种不同形态和境界的同一真理。它们都可以说是极其幽深的，是洞察宇宙天地万物一切奥妙变化的门径。

【智慧全解】

提起老子，大多数人在第一时间想到的便是一个“道”字。“道可道，非常道”这句话，令人似懂非懂，却几乎无人不晓。这一神秘莫测的“道”，早已成为老子哲学的专有代词。

“道”这个颇具东方神秘色彩的名词，它有时似乎是在显示宇宙天地间一种无比巨大的原动力；有时又在我们面前描画出天地混沌一片的那种亘古蛮荒的状态；或展示天地初分，万物始生，草萌木长的一派蓬勃生机，如此等等。

老子在《道德经》里反复提起“道”，并且从不同的角度进行解释，但是“道”这个东西，只可意会，不可言传，一不小心就会掉进语言的陷阱。

《老子》一书之所以又名《道德经》，一是它要阐明什么是“道”；二是它要阐明什么是“德”。搞清楚这两点，并掌握其概念的要领，才能逐步走进其所营造的特殊境界。

道，在天地未分之前就一直存在着，在天地形成之后也仍然存在，并且为我们的意识所感觉到。虽然我们无法看见和听见它，但是我们却相信它的存在，并且依旧按照它所设定的轨迹行走着。既然如此，我们必须了解这种客观规律，让它成为我们的工具，更好地为我们服务。

自从有了意识开始，这个世界就分成了两大部分：一部分是现实中实有的世界，另一部分是虚无的宇宙。一部分可以用肉眼看见，另一部分只有用心灵才能感受得到，而且还不是一般人的心灵。人类自从成为万物之灵后，有了自己的思想和语言，并且依靠它们进行着生产活动，也依靠它们不断地发展壮大自己。然而，我们人类的语言和思想活动有着很大的局限性，因此，想认识和掌握这百亿年前就已存在的“道”，还是相当困难的。

我们从老子对“道”的种种构想中，完全可以体味到他对“道”那种近乎虔诚的膜拜和敬畏的由来。

老子对“道”的尊崇，完全源于对自然和自然规律的诚信，这完全有别于那个时代视“天”为绝对权威的思想观念。提起“道”，我们不禁会在头脑中想象它的模样，然而我们的想象带有很大的局限性和主观性，真正的“道”是不以人的主观意志为转移的，它是客观存在的，但又看不见摸不着，正所谓“大道无形”。我们主观想象出的“道”的样子，不是真正的“道”，只称得上“名”。“名”这个概念也是不能用语言和文字来描述形容的，语言文字的局限性比想象的局限性更大，如果用语言文字来描述大道，只会与大道背道而驰。

以下这个故事也许能给你带来一些启发。

一位名叫知的人在玄水边遇见无为谓，他问无为谓：“怎样思虑才懂得道？怎样置身处世才安于道？用什么方法，取什么途径才得到道？”一连问了三次，无为谓都不回答。

在白水边，知登上狐阙山丘，看见狂屈。知便转问狂屈，狂屈说：“我知道，可正要告诉你，又忘掉了。”

知回到帝宫，又问黄帝。黄帝说：“无思无虑才懂得道；无所置身、无有所事才安于道；没有方法、没有途径才获得道。”

知又问：“我和你知道这些，无为谓、狂屈却不知道这些，究竟哪个理解的道是对的？”

黄帝说：“无为谓是对的，狂屈有些接近，我和你离道还远得很呐。知道道的不说，说的便是不知，所以圣人施行不言之教。道在自然，不可言得；德在无心，不可行至。而仁爱是可以作为的，义理是有缺欠的，礼仪是有虚伪的。所以说失去了道，而后有德；失去了德，而后有仁；失去了仁，而后有义；失去了义，而后有礼。礼是道的假象，是祸乱的开端。因而求道就必得一天天地减少华伪的形迹，减少再减少，直到无为，无为就无不为了。如果有为，只会成就外物，这时再想返回本源虚无，那就难了！人的生命是气的积聚，死亡是气的消散，了解变化之道，就不以死生为异，而把万物看为一体。你把喜欢的看为神奇，把厌恶的视作臭腐，而在别人的眼中，臭腐又化为神奇，神奇又化为臭腐，所以整个天下都通同于一个气。”

知又问黄帝：“我问无为谓，无为谓不回答，并不是不回答，而是不知道回答我。我问狂屈，狂屈心想告诉我却不告诉，并不是不告诉，而是心中要告诉的被忘了。我现在问你，你知道，怎么说离道很远呢？”

黄帝说：“我和你终究离道很远，因为我和你知道了道。”

既然不能用语言又不能用文字来描述大道，那么，如何才能认识大道呢？

我们可以采用概念和语言，即“有”和“无”这两个“名”。“有”是存在的意思，它代表一种正在孕育万物的状态，是万物的生母，即万物是从“有”中孕育生产出来的。“无”是没有的意思，代表天地还没有生成以前的混沌状态，说明天地是从“无”中生出来的。

我们可以将“道”理解为一种“无”的状态，一种“有”的能力。它的本源是“无”，却可以生出天地万物。正是如此，我们可以采取“无”的态度去体认大道的玄妙，大道的原始是空无，我们要想体认大道，就必须抛却所有的杂念，将自己恢复到毫无思想意识的时期，达到一种完全虚无的境界。

“无”和“有”是我们必须把握的两个概念，它们是打开“众妙之门”的钥匙，只有通过它们，我们才能领悟大道的奥妙。

第二章 有无相生

天下皆知美之为美，斯恶已[1]。皆知善之为善，斯不善已。有无相生[2]，难易相成[3]，长短相形[4]，高下相倾[5]，音声相和[6]，前后相随，恒也。是以圣人处无为之事[7]，行不言[8]之教。万物作而弗始[9]，生而弗有[10]，为而弗恃[11]，功成而弗居[12]。夫唯弗居，是以不去[13]。

①斯恶已：就显露出丑了。恶，丑陋，与美相对立。②相生：互相依存。生，存。③相成：相反相成。成，成就。④形：比较，显现。⑤倾：侧，依靠。⑥音声相和：音与声互相和谐。⑦圣人处无为之事：圣人用无为的态度来处理世事。无为，顺应自然，不加干涉、管束，任凭人们去干事。⑧不言：不用言词，不用发号施令。⑨万物作而弗始：万物兴起而不首倡。作，兴起。始，首倡。⑩有：占有。⑪恃：倚仗，依赖。⑫居：当，任，据。⑬去：离。与“居”相反。

【译文】

天下人都知道美之所以是美，那是因为有丑陋的存在。都知道善之所以为善，那是因为有恶的存在。有和无互相依存，难和易相反相成，长和短互相对比，高和下互相依靠，音节与旋律互相应和，前和后互相跟随，这是永恒的。因此圣人用无为的方式对待世事，施行不发号施令的德政教化。让万物自行生长而不加干涉，生养万物而不占有，为万物尽力而不思回报，功成业就而不据为己有。正因为不据为己有，所以才永远不会失去。

【智慧全解】

在人类社会生活中，善恶、美丑、是非、强弱、成败、祸福等，都蕴含着丰富的辩证法原理。譬如说，如果人们没有对美好事物的认识和追求，也就不会产生对丑恶现象的唾弃；当你还沉浸在幸福或成功的喜悦中时，或许一场灾祸或不幸正悄悄临近。

我们在了解了美丽的同时，自然也知道了丑陋为何物；当我们知道了生的含义时，同时又了解了死的概念；当我们明了善良的本质时，就清楚地知道了为恶的结果……推而广之，当我们了解了什么是失败、苦难、妻离子散时，才会明白什么是成功、幸福、天伦之乐。

老子认为，事物的发展和变化，都是在矛盾对立的状态中产生的。对立着的双方互相依存，互相联结，并能向其相反的方向转化。

就好比我们在爱护子女的同时，不由得想起父母一辈子的艰辛，我们想去孝敬他们，陪伴在他们身边，可现实却不允许我们这么做。因为我们要忙于养家糊口，忙于实现自身价值，我们感到力不从心，感到矛盾重重，在矛盾面前左右为难，甚至痛苦不已。

在工作的过程中，我们也不可能一帆风顺，我们会面临残酷的竞争。成功了，我们狂喜；失败了，我们愁眉不展、痛苦彷徨。

日子无论是幸福还是痛苦，我们都必须一天天地过，即便是我们不愿过了，又怎能阻止太阳的升起和落下呢？我们嫌日子过得太快，可日子不会为我们停留一分一秒，它像一辆快车载着我们向死亡开去。我们想乘机跳下来，却也是枉然。

面对这人生路上的矛盾，我们迷惘、我们无奈，到头来仍是同样的结局，那又何苦给自己制造那么多的苦恼呢？面对荣辱、得失、成败、哀乐、爱怨，为何不能泰然处之呢？矛盾的产生是因为我们的头脑中有了知识的概念，它是一个由概念到对立，再由对立到矛盾的自然形成过程。矛盾导致两个方面的结果，一是好的一是坏的，可我们的本性就是只能接受好的结果而无法接受坏的结果。因而，我们痛苦，迷惘，甚或悲痛欲绝。这种坏情绪会经常困扰我们，因为我们生活的大环境里矛盾无处不在。

话说有一个叫白隐的禅师，他德高望重，高尚的美德远近闻名。在白隐禅师所在的寺院附近住着一户人家，这户人家里有一个未婚的女孩。有一天，女孩的父母发现她怀孕了，于是大发雷霆，追问孩子的父亲是谁。女孩迫于压力，说出了白隐的名字。女孩的父母听后，想不到一个德高望重的和尚竟也做出这样见不得人的事，拉着女孩去找白隐禅师兴师问罪。白隐得知了他们的来意后，只轻轻地说了一句："是这样吗？"

孩子生出来以后，他们怕丢人，就把孩子抱到寺里送给白隐，白隐接过孩子，只轻轻地说了一句："是这样吗？"

从此以后，白隐名誉扫地，臭名远扬。为了抚养孩子，他挨家挨户去乞讨奶水，忍受了数不清的讥笑辱骂。孩子在他的精心照料下，一天天健康地成长。这一切都被孩子的母亲，那个年轻的女孩看在眼里，她被感动了，母爱在她心里复苏，她终于良心发现，向父母坦白，孩子的父亲不是白隐禅师，而是一位在鱼市上工作的青年。女孩与父母再一次来到寺院，向白隐禅师道歉、忏悔，并要领回孩子。白隐禅师仔细地把孩子包好，送到他们手中，然后，轻轻地说了一句："是这样吗？"

在这个故事里，我们看到了一位不平凡的禅师的伟大人格。对于一位德高望重的禅师来说，声誉是何等的重要，如果白隐禅师稍微有一点人相[①]、我相[②]的束缚，他是无论如何也无法忍受别人无故造谣，指责他

① 人相：佛教语。凡是能够领悟道理，能够取舍任何境界的，就是人相。

② 我相：佛教语。指把轮回六道的自体当做真实存在的观点。佛教认为是烦恼之源。

犯戒而生下孩子的奇耻大辱的。幸好禅师有极高的修为境界，他早已超越了人相、我相，所以当有人诬赖他不守清规时，他心里明白“假我无一是，辱也何有实”的道理，所以面对无故被辱，他只平淡地说：“是这样吗？”

其实，我们拥有知识头脑，产生了各种概念，就是遵循大道的结果，延续着宇宙大规律的演变，它们天生是相互对立、矛盾的。然而，我们在这种对立之中只愿意接受对自己有利的一面，不愿接受不利的一面，就像所有人都愿意听到别人表扬自己，而不愿听到对自己的批评一样。这并不是我们的错误，因为万事万物都是相对而存在的，只是由于我们的语言和认识的局限性，使我们无法深刻地理解这种规律的真实性，无法真正表现出大道的真理，只能以虚假的、不准确的、不完全的概念去解释大道的概念，而无法真正领悟大道那自由自在的境界。

大道无言，大道无际。圣人明白大道的绝对性和它的真实内涵，他们能抛弃和超越人类的自私和贪婪，采取顺其自然的态度来对待人和事，这种无所作为的处世哲学看似消极，却是一种真正的积极，是对人类自身精神境界的提升。他们能真正地理解大道并和大道融为一体，顺应自然和各种变化，也就无所谓得到和失去，也就没有忧愁和烦恼了。

第三章　使民无欲

不尚贤①，使民不争；不贵难得之货②，使民不为盗；不见可欲③，使民心不乱。是以圣人之治，虚其心④，实其腹，弱其志，强其骨。常使民无知无欲⑤，使夫智者不敢为⑥也。为无为⑦，则无不治⑧。

①尚贤：崇尚贤能之才。②不贵难得之货：不珍贵难得的财货。贵，重视、珍贵。难得之货，指珠宝玉器。③不见（xiàn）可欲：不炫耀贪欲的事物。见，通“现”，出现、显露，这里指显示、炫耀的意思。④虚其心：使他们心里空虚，无思无欲。虚，空虚。心，古人以为心主思维，此处指思想、头脑。⑤无知无欲：无巧伪奸诈之心思，无非分妄想之欲求。⑥不敢为：不敢有所作为。⑦为无为：以无为的方式行事，即以顺应自然的方式处理事务。⑧治：治理，此处指治理得天下太平。

【译文】

不崇尚贤才功名，使百姓不争名夺利；不珍爱难得的财物，使百姓不去偷盗；不显耀足以引起贪心的事物，使民心不被迷乱。因此，圣人的治理原则是：净化百姓的心灵，填饱百姓的肚腹，削弱百姓争名夺利的雄心，强健百姓的体魄。永远使百姓没有投机取巧、争名夺利的欲望，使那些即使有才智的人也不敢妄为生事。依照无为的原则去处理事务，则天下没有治理不好的。

【智慧全解】

在老子生活的春秋末期，天下大乱，国与国之间互相征战、兼并，大国称霸，小国自保，统治者为维护自己的统治，纷纷招揽贤才，用以治国安邦。因此，在当时的社会生活中，处处崇尚贤才，许多学派和学者都提出“尚贤”的主张，这原本是为国家着想。然而，在尚贤的旗号下，一些富有野心的人，竞相争权夺位，抢占钱财，给民间也带来恶劣的影响。一时间，民心紊乱，盗贼四起，社会处于动荡之中。

老子所说的无为，并非不为，而是不妄为，不非为。他认为，体现“道”的圣人，要治理百姓，就应当不尊尚贤才异能，以使百姓不要争夺功名利禄。前面说到，先秦时代关于选贤用能的学说已成强大的社会舆论，各诸侯国争用贤才也形成了必然的趋势。老子在这种背景下，敢于提出“不尚贤”的观点，与百家诸子形成对立，似乎不合时宜。不过，老子的观点中不包含贬低人才、否定人才的意思。而是说，统治者不要给贤才过分优越的地位、权势和功名，以免使“贤才”成为一种诱惑，导致人们纷纷争名夺利。

真正的圣贤之人在治理天下时，明白大道无为的道理，知道与其将人们对于名利的欲望挑逗起来加以利用，还不如让人们没有这种名利的欲望；与其让人们因崇尚奖励而争得你死我活，还不如没有奖励制度，也就避免了人们的争抢；与其让人们为了那些无谓的珍宝而去偷盗抢劫，还不如让人们心目中没有珍宝的存在，也就不会有谁再有非分之想了。如果一个这样的人，能从自身做起，视名利如烟云，视金钱如粪土，并将这种思想应用到治理天下中去，则真的能让天下人的心灵宁静下来，淡漠功名利禄，认真地做事做人。也只有当人心平衡宁静的时候，天下才能得到真正的安定。

话说上古时代，帝尧发现自己老了，想为自己寻找一位理想的继承人，有人向他推荐了舜。为了考察舜的德行，帝尧将自己的九个儿子分配到舜的手下，又把自己的两个女儿嫁给舜。舜对待帝尧的儿子十分恭顺，对待帝尧的女儿也很谦和，帝尧认为舜具备作为天子的谦恭品德。

为了考验舜的治国之道，帝尧让舜到历山耕种。舜在历山的时候，生活十分简朴，从不追求和享用那些奢华的东西。在他的感召下，周围的百姓也养成了谦恭待人、勤俭持家的美德。后来，舜到雷泽去打鱼，雷泽的人为舜清苦的生活所感动，纷纷让出自己的住房给舜居住，舜一一婉拒。帝尧又派舜到黄河边上去制陶，舜二话没说就接受了任务。在那里，舜从不对人发号施令，一门心思做好自己的制陶工作。在他的感染下，黄河边上的制陶匠人不再视制陶为艰苦的工作。因为舜能够保持谦卑礼让的品德和清静无欲的作风，百姓对他崇敬和热爱。凡是舜所居住的地方，人气都会急剧上升，往往第一年就会形成村落，第二年就会发展成集镇，三年之后就会变成百业兴旺的通都大邑。帝尧对舜的表现十分满意，就将天下传给了舜。

舜君临天下后，从不违背天命和民意，顺其自然施政，内政修平，百姓安居乐业。

舜以简朴修身，以无为治国，实现了天下大治，他本人也被后世奉为圣帝明王，名列“五帝”之一，为后世所顶礼膜拜。

古往今来，无论是帝王还是各级官吏，他们都居于百姓之上，处于万众瞩目的地位，他们的一举一动百姓都看在眼里，他们的爱好不仅会成为百姓的谈资，还会被百姓竞相模仿，这叫“上行下效”。如果他们德行有亏，这样一来，上上下下都充满欲望，想入非非，整个社会物欲横流，乌烟瘴气。于是，世风日下，人心不古。

在老子看来，高明的当政者和领导者应懂得自然之道，顺应人的天性，让百姓和下属各尽其能，各守其职，各得其所，相安无事，而切忌用过多的条规制度进行强制性约束，否则会适得其反。也就是说，最好的政策应该是“清静无为”的政策，不要左一个运动，右一个政策，搞得民众无所适从，就像对待井水一样，搅动得越凶，残渣败叶就越是泛起，水就越是浑浊。“无为而治乃大治”，这是老子的“无为”论留给我们的启示。

第四章　和光同尘

道冲①，而用之或不盈②。渊③兮，似万物之宗。（挫其锐，解其纷，和其光，同其尘。④）湛⑤兮，似或存⑥。吾不知谁之子，象帝之先⑦。

①冲：古字为“盅”，器物虚空，比喻空虚。②盈：满，引申为尽。老子反对事物走向满盈、鼎盛和极致，他认为满盈是衰败、穷尽、灭亡的象征。③渊：深邃。④一说此四句为第五十六章错简重出，当删，“渊兮”一句与“湛兮”一句相对成文。⑤湛：意为深沉，此处形容道的隐而无形，但又确实存在的状态。⑥似或存：似乎存在。连同上文的“湛兮”，形容“道”若无若存。⑦象帝之先：好像应在天帝之前。象，好像。帝，天帝。

【译文】

大道空虚无形，而使用起来却是无穷无尽。多么深邃啊，它好像万物的本源。（消磨它的锋锐，消除它的纷扰，调和它的光辉，混同于尘垢。）隐没不见啊，又好像实际存在。我不知道它是谁孕育生成的，好像在天地初始之前就已经存在了。

【智慧全解】

大道本身没有一个具体的形象，它是一种完全虚空的境界，它是天地万物的本源，因而宇宙间的一切都被它容纳和控制。老子曾说宇宙是分层的，它大到没有边界，小到没有内核。套用科学术语，称作无穷大和无穷小。在广袤的宇宙空间内，所有的物体都统属于大道，大道在运作的过程中永远也不会穷尽。它不会停息也不会损坏，而会永恒地运转下去，它的运转过程只可感觉，不可触摸和观赏。它远远地躲开我们，却无时无刻地不在影响着我们的生活。

正是由于大道无形、无声的特点，人类即便穷尽语言也无法真正地描述它，这让我们感到无可奈何，只能用一些贴近的语言来描述它：深远啊，它好像万物的本源。消磨它的锋锐，消除它的纷扰，调和它的光辉，混同于它的尘垢。隐没不见啊，又好像实际存在。我不知道它是谁孕育生成的，好像在天地初始之前就已经存在了。给大道下一个确切的定义是无论如何都办不到的事情，因为我们无法把握它的来龙去脉：它是怎样生成的，何时生成的，来自何处又将何时消亡，谁能说得清楚呢？它好像在人类祖先出现之前就已经存在了，因为宇宙万物都是由它生成的，就连先祖也不例外。

那么，道到底是什么？我们可以说它什么也不是，却又什么都是。我们为何要穷根究底，研究如此抽象、晦涩难懂的问题？从人类自身的角度而言，探讨大道可以帮助我们理解自己、透悟宇宙万物，进而建立科学的人生观和宇宙观。现实地讲，就是能让我们生活得更悠然惬意、舒心幸福，还有什么比这更有意义呢？只有真正理解大道的人，才会采取顺其自然的处世观，对什么都不强求，这样的人才能真正接近大道，甚至与大道合二为一。

老子告诉我们，高明的人处世会“挫其锐，解其纷，和其光，同其尘”，换成今天的话来说就是：收敛自己的锋芒，排解自己的烦扰，隐蕴自己的光辉，把自己等同于微尘融入大千世界。

世道很复杂，乱世多才是祸根，盛世多才非福泽，人生在世，首要的是明哲保身。也就是说，我们首先要活着，然后才能考虑能否有所作为。而事实证明，老子的“和光同尘”就是最好的明哲保身的方式。

我们来看这样一个故事：

大唐中兴名臣郭子仪晚年赋闲在家，每天欣赏美人歌舞，日子过得悠闲快活。有一天，他正在花园里和姬妾风花雪月，下人报告说朝中大臣卢杞前来拜访。郭子仪虽然退了休，但对朝中大臣的品行还是很了解的，一听到是卢杞来了，他马上命令家中所有女眷全部回避，他一个人穿戴整齐在书房与卢杞品茶聊天，相谈甚欢。

送走卢杞之后，他的家人都非常不解，问他道：“平时你接见其他客人，不管地位多高，都不避讳我们在场，为什么今日接见一个小官，却要这么慎重？”

郭子仪说：“卢杞是个很有才干的人，但是他心胸狭窄，睚眦必报。他的容貌有缺陷，半边脸是青的，你们要是在场，免不了会有嘲笑的意思流露出来，对此他一定会记恨在心。有朝一日他位高权重，我的子孙后代就有灾难了。”

果然，没过多久，卢杞就得到了皇帝的重用，官居宰相。那些过去瞧不起他或者得罪过他的人，他都没有放过，只是对郭子仪的家人并未加害。甚至郭氏家人做了错事后，卢杞还帮助开脱。

郭子仪作为唐朝重臣，他的八子七婿都是达官显贵，家族能够如此风光，与郭子仪与人为善的处世方法是分不开的。老子说过：“早服谓之重积德，重积德则无不克。”郭子仪和卢杞交往的方法就符合老子的这条上上之道，首先重自己的德，然后很小心地不结冤家。

令人遗憾的是，古往今来，无数人误解了“和光同尘”。他们认为，所谓“和光同尘”，就是不分好坏、随波逐流。其实不是这样，老子也在试图改变社会，只不过他满脑子都是柔性智慧，主张以顺其自然的渐进方式去构建和谐社会。比如他主张“治大国若烹小鲜”、“将欲废之，必固兴之”……老子并不一味地顺从世俗，他只顺从“道”。所谓“俗人昭昭，我独昏昏；俗人察察，我独闷闷”，这就是典型的与众不同。老子的思想没有媚俗的一面，他既不媚俗，也不脱俗、矫俗。他认为“挫其锐，解其纷”，是为了使自己的心态变得平和，遇事懂得包容；“和其光”是为了保存自己；“同其尘”是为了让自己融入社会，不鹤立鸡群，这一切都以不伤害自己的品行为前提。

孟子说：君子之所以异于常人，在于其能时时自我反省。即使受到他人不合理的对待，也必定先反省自己本身，自问：我是否做到仁的境界，是否欠缺礼，否则别人为何如此对待我呢？等到自我反省的结果合乎仁也合乎礼了，而对方强横的态度却仍然不改，那时，君子又必须反问自己：我一定还有不够真诚的地方。当反省的结果是自己没有不够真诚的地方，而对方强横的态度依然如故，君子这时才感慨地说，他不过是个怪诞的人罢了。这种人和动物又有何差别呢？对于动物根本不需要斤斤计较。

第五章　虚静无为

天地不仁，以万物为刍狗[1]；圣人不仁，以百姓为刍狗。天地之间，其犹橐籥[2]乎？虚而不屈[3]，动而愈出。多言数穷[4]，不如守中[5]。

①刍（chú）狗：古代祭祀物，用草扎成的狗，祭祀完毕就把它扔掉或烧掉。刍狗作为祭品，人们对它并无情感，未祭时受人尊重，已祭后受到焚烧。刍狗前后命运不同，并非由于人们的情感变化，是因为条件、环境的变化引起的。这里指天地对于万物也是无憎无爱，比喻不分高低贵贱，一律平等。②橐籥（tuó yuè）：古代冶炼时为炉火鼓风用的风箱。③屈（jué）：竭尽、穷尽。④多言数穷：政令繁多而屡次失败。⑤守中：坚守虚静。

【译文】

天地是无所谓仁慈的，对待万事万物就像对待祭祀用的稻草狗一样，任凭它们自生自灭。圣人也是无所谓仁爱的，对待百姓如同对待祭祀用的稻草狗一样任凭他们自作自息。天地之间，岂不像个风箱一样吗？它空虚而不枯竭，越鼓动风就越多，生生不息。政令繁多反而加速灭亡，不如始终保持空虚而任其自然。

【智慧全解】

在老子的眼中，天地不带有任何人类道义和道德方面的感情，它有自己客观运行的方式。天地虽然不讲仁慈，但也无所偏向，不特意对万物施暴。而它的滋生万物，给世界以蓬勃的生机，使人类得以繁衍生息，社会文明得以昌盛。

万物在天地之间依照自然法则运行，并不像有神论者所想象的那样，以为天地自然法则对某物有所偏爱，或对某物有所嫌弃，其实这只是人类感情的投射作用。这一见解表现了老子反对鬼神术数的无神论思想，是值得重视的进步思想。从“无为”推论下去，无神论是符合逻辑的必然结果。他认为天地是无为的，自然界的一切事物，只需依照自然界的发展规律生长变化，不需任何主宰者凌驾于自然之上来加以命令和安排。

鸟儿在天空自由飞翔，它有可能死于天敌之口。然而，人们把鸟儿抓来，养在笼子里，每天按时供水供食，甚至捉小虫来给它吃，等到某天放它出去，它竟饿死在外面。养鸟的人算是仁义还是残忍呢？孩子生出来，父母哺育他，怕太阳晒着，怕风吹着。孩子长大了，应当让他去自由闯荡了吧？父母还是不放心，走远路怕他累着，出远门怕他被人害，只好让他待在自己身边，时刻监护着，结果孩子一事无成。这样的父母是仁义还是残忍呢？

以下的故事也许能带给我们一些启示。有一个游人到一个美丽的小岛上度假，黄昏时分，他发现不远处有一只小海龟从龟巢里探出头来，显得极为谨慎，观察着龟巢外面的动静。突然，一只鹰从空中俯冲下来，它想啄小海龟的头，企图把小海龟弄到龟巢外面。

游人眼疾手快，把手中拿着的矿泉水瓶扔过去，赶走了那只鹰。仅仅赶走鹰似乎还不够，他是一个好心的游人，他把那只小海龟抱起来，然后放进海里，因为他知道小海龟非常想进入大海。接下来，游人就走了。

就在游人放走小海龟不久，龟巢里的小海龟倾巢而出。从龟巢到大海需要经过一大段无遮无挡的沙滩，黄昏时的光线仍很明亮，几百只小海龟倾巢而出，很快引来了鹰、海鸥等食肉鸟，结果，在沙滩上缓慢爬行的小海龟几乎全成了这些食肉鸟的盘中大餐，只有屈指可数的几只小海龟幸免于难，到达了大海。

游人肯定没有料到，大部分小海龟成为这些食肉鸟的盘中大餐，其实是他间接导致的悲剧。那只从龟巢里探出头来观察龟巢外动静的小海龟，其实是龟群的“侦察兵”，一旦遇到危险，它便返回龟巢。可是，游人的行为却使龟巢中的幼龟群得到了错误的信息，以为龟巢外面很安全，于是争先恐后地爬出来，酿成了悲剧。

人类一次偶然的行为，看起来充满爱心和责任感，并自以为是地认为是在帮助动物们重获新生。实际上，这种只按照个人意愿或生活逻辑去实施的行为，往往与现实相违背，因为任何一种动物圈都有着既定的规则。就像上述故事中的游客，其救助行为看似平常，实质上却严重破坏了海龟们一次有组织、有计划的行动，使它们招致杀身之祸。

圣人治理国家、管理子民也是如此。他效法天地管理天下百姓，不对百姓施加仁爱，而把百姓当成祭祀用的刍狗，这不是不爱惜百姓，相反，这是真正的珍惜。怎样理解呢？圣人对百姓不施加仁爱，也不横加干涉，给予一定的自由，这样百姓才能感受到真正的恩赐。教导百姓按照自然规律行事，就不会破坏大自然之道的无为之治。因而百姓才能安居乐业，天下才会太平；天下太平，国家才能长治久安、繁荣昌盛。与此相反，如果统治者没能按照大道无为而治的原则，而是施与仁爱，自然会对百姓妄加干涉，使百姓脱离正确的行为轨道，重则导致天下大乱。统治者为了安定民心，平息这种混乱的局面，就会很自然地强加自己的意志，比如制定各种刑罚。这样一来，民心不但没有被安定，反而更加骚动不安，农民起义势在必行，结果是民不聊生，统治阶级的地位岌岌可危。所以，这种貌似仁爱的统治策略，不但害民而且害己。

作为普通人，我们也应该像天地、圣人一般，包容万物，做到心中坦荡，不偏执一物，才能海纳百川。心里的容量像一个大风箱，无穷无尽，我们才能放眼宇宙，心无挂碍；才能不以物喜，不以己悲，不因外物而影响自己的情绪；对别人的对错是非才不会品头论足，妄下论断。别人的是非和自己有什么关系呢？为什么拿别人的错误惩罚自己？我们是人，是情感十分丰富的动物，我们有喜怒哀乐，但可以控制自己的情绪，我们要无所为，也就能真正的无所不为了。

第六章　谷神不死

谷神①不死，是谓玄牝②。玄牝之门③，是谓天地根。绵绵若存④，用之不勤⑤。

①谷神：谷，养。谷神即指道——生养天地万物的神灵。②玄牝(pin)：指玄妙的母性，喻指天地生成的根源。玄，幽深。牝，雌性的兽类动物，此处借喻具有无限造物能力的“道”。③门：指产门。此处用雌性生殖器的产门的具体义来比喻造化天地生育万物的根源。④若存：实际存在却无法看到。⑤勤：辛劳，倦怠。

【译文】

生养天地万物的道（谷神）是永恒不灭的，这就是玄妙的母性。玄妙的母性之门，就是天地生成的根源。它连绵不绝地存在着，运行而不知倦怠。

【智慧全解】

“天地之根”、“谷神”，是老子对“道”的形象表述。“谷神”之所以为“神”，是因为性空，因而形成空灵的作用。正因为其性空，才具备了无限发展和创造的空间，以及向上和向前发展的无限可能，才会生起看似虚无，而实际却蕴藏着妙有的功能。所谓谷，就是山谷，是山的虚怀之处，具有内凹的容纳性。风、气、动物、草木都依谷而生。“神”是变化的动因，所以有人云：“通变谓之神。”老子以山谷来形容道的虚容性，加上“神”字，以反映道的通变能量的全貌，所以喻道为“谷神”。“谷神不死”是宇宙的根本属性，是永恒的万有的母体，也是万有之根。它像“玄牝”，神秘而奥妙：“玄牝”为母性的生殖机能。玄牝之门是母性的子宫，能因胎儿的生长发育而扩张，承纳而滋养；胎儿长一厘，子宫就扩张一厘；胎儿长一分，子宫就扩张一分。子宫这种承容、滋养发展的属性，就犹如“道性”，所以道是天地万物的根本。

老子把神秘莫测的道喻之为母性动物的生殖器官，很贴切地描说了生育着万物的、无所不能的道的特性。一切雌性的东西都以阴柔为美，作为“玄牝之门”的道也不例外。它以无形无状、无影无像、无色无味、无声无息的形式存在于天地万物之间，从不彰显自己，我们看不见它，摸不着它，闻不到它，因此，芸芸众生几乎忘记了它的存在，以致“百姓日用而不知”。其实，不知道它的存在，就是它最好的存在，而它则惦记着天地万物的存在。

在外奔波的儿女可能会忽略母亲的存在，但坚守家园的母亲却总是心系儿女。作为天地万物之母的道，无时无刻不在用一双善良、慈祥、柔和、无形的眼睛，关注着天地万物的一举一动。虽然它不发号施令，不用说教的语言告诉你什么该做、什么不该做，但它是自然的标尺、宇宙的法度。天地万物适应它，就能欣欣向荣地生长发育；违背它，就会咎由自取，自食其果，甚至自取灭亡，因为它是“天地之根”。所谓根，就是根本，谁也离不开这个根本，没有根本，幼苗长不成参天大树；根基不固，高楼大厦也会变成“豆腐渣”工程。

天地万物都有自己的根本，人也是如此。做人不能丢根，更不能忘本。没有老去的父母，哪来你的成长、成人、成事？可是，总有人在自己羽翼丰满以后就忘记了谁曾经给他遮风挡雨，忘记慈母为他日夜操劳，忘记严父为生计努力地奔波，即使累弯了腰也不吝啬自己残存的那点力气。这样的行为就叫“忘本”，“忘本”的人是很难得志于天下的。

以下故事中的珠宝商则是因为不忘本而远近闻名。一天，一位老人来找珠宝商买一些宝石，打算将宝石作为职位最高的教士衣袍上的装饰。他列出了想要购买的宝石名称，并提出了一个公道的价格。可珠宝商却说现在不能给他拿出宝石，请他等些时候再来。

老人可不想拖延时间，他以为是珠宝商嫌价格太低，于是又给出双倍的价钱，后来又增至三倍，可珠宝商仍是那样要求。老人只能愤怒地离开了。但很快，珠宝商又反过来找老人，并把他所要的宝石拿了出来。老人十分满意，于是给他最高价。珠宝商却说：“我只要你最早提出的那个公平的价格。”

老人感到非常奇怪：“那为什么你一开始不愿意做这笔生意呢？”

“因为那时候，”珠宝商回答，“我父亲在睡觉。他手里拿着开启宝石箱的钥匙，而我要从箱中拿宝石的话，就必须叫醒他。

“他的年纪很大了，多睡一个小时对他的身体是有好处的，因此就算把全世界的财富都给我，我也得首先想一想我的父亲，无论如何也不能打扰他休息。”

老人听了十分感动，赞赏地拍着珠宝商的肩膀说：“现在爱你的父母，以后你的儿女也会一样爱你。真主保佑有德行的人！”

道是我们做人、处世、行事的根本，我们什么都可以忘了，就是不能忘本！我们的生命来自父母，我们必须要孝敬父母；我们的知识来自师长，我们要尊敬师长，牢记师恩……唯有如此，我们才能成为一个不违道、不忘本的人。一个不忘本的人往往能得到社会的广泛认可，其能量是不可估量的。

谷神不死，是谓玄牝。玄牝之门，是谓天地根。绵绵若存，用之不勤。

第七章　退身忘私

天长地久。天地所以能长且久者，以其不自生①，故能长生②。是以圣人后其身而身先③，外其身而身存④。以其无私⑤，故能成其私⑥。

①以其不自生：指天地的运作，或其生存不为自己。以，因为。②长生：长久。③后其身而身先：把自身置于众人之后，却能得到大家的推崇而占先。前位，此处是高居人上的意思。④外其身而身存：把自身置于度外，却能保存自己。⑤无私：从无而私，即视好的外界环境为个人权益的保障。无，外界环境。私，自身权益。⑥成其私：成就他自己所追求的事业。

【译文】

天地是长久存在的，天地之所以能长久存在，是因为天地顺应自然而生存，而不是单纯为自己而生，所以能够长久。因此，圣人把自身置于众人之后，却能得到大家的推崇而占先；把自身置于度外，却能保存自己。正是由于他不自私，所以反而能成就他自己。

【智慧全解】

自从我们出生的那一天开始，我们就看到天高悬在我们的头顶，他虽然高高在上，但他并不自高自大；虽然有时他也会发怒，会在我们的头顶上电闪雷鸣，但他多数时候还是晴空万里、温文宽厚。他像极了我们的慈父。地则相反，她甘居人下，包容万物，默默地承受着众人的践踏甚至粗暴行为，从不轻易显示自己的威力。她坚忍、勇敢、无畏，就像我们的母亲，一直默默无闻地奉献着自己的爱，从不奢求回报。他们是那么得高深莫测、深奥玄秘，仿佛离我们很远却又离我们很近，我们无法真正地理解他们，但又无时无刻不生活在他们的身体内，无时无刻不在受他们的影响和制约。

在我们所能观察和理解的范围内，唯有天地是长生不老的，他们无所谓年轻和年老，他们是永恒的，因而人们常常用“天长地久”来表达自己美好的祝愿。

老子认为，天地由于无私而长存永在，人间的圣人由于退身忘私而成就其理想。圣人能效法天地不自生的法则，立身处世，去掉人为的自私，把自己的身心摆在他人后面而奋不顾身。只要做必须做、应当做的，就努力去做。把自身利益抛在脑后，一路领先，光耀千古；忘掉自身，其实是把自身寄托于天下的最好安排。

老子说的“后其身而身先”是自然辩证法，也是历史辩证法。“后其身”不是事事退缩不前，更不是跟在众人后面当看客，做评论家，而是把个人得失、利益、意志、情感和命运置于他人之后。这正是“道”的不自生的体现。老子说的“外其身而身存”，所谓“外其身”也不是不与事物接触，做旁观者，做骑墙派，而是把个人得失、利益、意志、情感和命运置之度外而不去斤斤计较。

一事当先，只考虑天下人的需要、百姓的心愿，而把自己忘掉，忘掉虚荣、兴衰、贵贱、成败，甚至生死。只有这样忘我的人，才会勇往直前，无所畏惧，才会有所成就。

所以，圣人以身寄天下，把天下之大业，当成是自己的大业；把为天下人谋福利，看做是自己最大的快乐、最大的满足。结果，他们得到了天下人的拥护和爱戴。明白了这个奥妙的哲理，我们再来看看历史，成功的典范比比皆是。比如大禹为人民治水，八年在外，三过家门而不入，百姓拥戴他为天子。无私反而能成就大私，这看似矛盾，其中却有着某种玄妙的逻辑。

无独有偶，美国亨利食品公司的总经理霍金士也是这样。他从化验室的报告单上发现，食品配方中起保鲜作用的添加剂有毒性，长期食用有害健康。于是，他一面下令研究不含添加剂的食品，一面冒着风险向社会公布添加剂有毒性的事实。霍金士这样做，无异于砸自己的饭碗。而且，他的做法引起了众多同行的反对，他们要求霍金士收回自己的话，但霍金士没有屈服。为此，他们联合起来打击霍金士，不再经销他的产品，霍金士的公司陷入濒临破产的困境，但他仍不屈服。由于霍金士的做法对广大消费者有益，他赢得了广泛的同情和支持。美国政府为争取民心，也出面支持他。结果，霍金士的公司很快恢复了元气，一举成为美国食品工业的龙头老大。其他食品厂家也不得不研究和生产不含添加剂的食品。现在，我们经常会在食品标签上看到“本品不含任何添加剂”的字样，这种现象的出现就是霍金士的功劳。

由大私到大公，或由大公到大私，这都是道。但是，由大私起步，路就在脚下，是从下往上走，普通人容易看见，也容易实行；由大公起步，路在虚空中，是从无往有走，需要有很高悟性的人才能看得见，只有深具智慧者才能深明其理，并依道而行。

老子用朴素辩证法的观点，说明利他和利己是统一的，利他往往能转化为利己，老子想以此说服人们都来利他，这种谦退无私的精神有其积极的意义。

第八章　上善若水

上善若水①。水善利万物而不争，处众人之所恶②，故几于道③。居善地，心善渊④，与善仁⑤，言善信，政善治⑥，事善能，动善时⑦。夫唯不争，故无尤⑧。

①上善若水：上善之人，如同水一样。②所恶：厌恶的地方，指低洼之处。③几于道：接近于道。几，接近。④渊：深邃宁静。⑤与善仁：交接善良之人。仁，当为“人”。⑥政善治：为政善于治理国家，从而取得治绩。⑦时：时机。⑧尤：过失。

【译文】

上善的人如同水一样。水善于滋润万物而不与万物相争，停留在众人都不喜欢的低洼之处，所以最接近于道。最善的人，居住在低洼之处，思虑深邃宁静，交接善良之人，说话恪守信用，为政善于治理，处事善于发挥所长，行动善于把握时机。因为有不争的美德，所以没有过失。

【智慧全解】

水生性温柔，像一个柔弱无比的少女，羞涩柔韧而又随遇而安。用水坝拦它，它就静止不动；用利斧砍它，它也默默承受，而不会受伤流血；将它无情地抛到空中，它会凝成水珠圆润地飘洒到地上，而不会摔得头破血流。它善于变化以保全自己的性命：遇冷凝结成冰，遇热变成气体，遇水合二为一，遇风翻滚成朵朵浪花……

老子在自然界万事万物中最赞美水，认为水德是近于道的。老子首先用水性来比喻有高尚品德者的人格，认为他们的品格像水那样，一是柔，二是停留在卑下的地方，三是滋润万物而不争。最完善的人格也应该具有这种心态与行为，不但做有利于众人的事情而不争，而且还愿意去众人不愿去的卑下的地方，愿意做别人不愿做的事情。他可以忍辱负重，任劳任怨，尽其所能地贡献自己的力量去帮助别人，而不会与别人争功争名争利，这就是老子“善利万物而不争”的著名思想。

水具有柔弱的特征，最高尚的品德却像水一样，水的特点是能够滋润万物，使它们尽情生长，而又不与万物争功夺利，始终保持平凡。水总是处于大家都厌恶的低洼之处，把汇集在那里的肮脏都包容起来。它具有宽广的胸怀和甘居人下的高尚品德。当它流动遇到阻碍时，会迂回百转继续前进，这就是“曲则全”，一种谦虚宽容的美德。因此，我们修身处世要学习“柔弱”之道，拥有像水一样的品行。即在日常生活中要诚恳待人，真心实意地帮助别人而不图回报，避免针锋相对的矛盾冲突，不去计较一时的利益得失，面对困难依然坚持，愿意担当别人不愿做的苦差事，取得成绩时不居功自傲，谦虚礼让，心胸像大海一样宽广，利人爱人，与人为善，这样才会与大道一致，才不会遭到他人的攻击而增加自身的烦恼与痛苦。

我们来看一个故事：古时有一位名叫牛弘的高官，每天坐牛车去上班。他的弟弟比较顽劣，不读书，好习武。有一天，牛弘出门办事，弟弟喝得酩酊大醉，乘着酒性在院子里练箭法，不想一箭将牛射死了。弟弟知道闯了祸，吓得赶紧躲起来。牛弘办完事回来，妻子忙向他告状：“叔叔要酒疯，把牛射死了。”

牛弘若无其事地说：“牛射死了，就做红烧牛肉吃。”妻子顿感无趣，低着头，一言不发地走到厨房，做红烧牛肉去了。过了一会儿，她又走到丈夫跟前，抱怨说："牛肉太多了，红烧不完。"

牛弘正在看书，头也不抬地说："红烧不完，就炖汤喝。"妻子越发无趣，只好去炖汤。过了一会儿，她觉得这事还得说说，又向丈夫发牢骚："一整头牛呢，炖汤也太多了！"

牛弘淡淡地说："炖汤太多，就做牛肉干吃。"妻子觉得丈夫的涵养真高，相比之下，自己就差得太远了，很是惭愧。自此，她再也不提射牛的事了。牛弘的弟弟呢，觉得哥哥真有涵养，这都是读书有学问的缘故啊！自此，他收起玩心，发奋读书，终于成了一个有出息的人。

由此可见，与人为善，即使你自己不说，别人也会记得你的好处。三十年河东三十年河西，人不可能总是高高在上，总有一天你也会需要别人的帮助，这时你过去与人为善的好处就体现出来了，也就是说，种善因才能得善果，想有善果，就得先种善因。

上善若水。水善利万物而不争，处众人之所恶，故几于道。居善地，心善渊，与善仁，言善信，政善治，事善能，动善时。夫唯不争，故无尤。

第九章　功成身退

持而盈之[1]，不如其已[2]；揣而锐之[3]，不可长保。金玉满堂，莫之能守；富贵而骄，自遗其咎[4]。功遂[5]身退，天之道[6]也。

①持而盈之：把持而使它满盈。②已：停止。③揣而锐之：捶击而使它锐利。揣，捶击。④咎：祸咎、灾祸。⑤功遂：功成名就。⑥天之道：指自然规律。

【译文】

把持而使它满盈，不如适时停止；捶击而使它锐利，难以保持长久。金玉满堂，没有办法守护它。如果富贵到了骄横的程度，那是给自己留下祸根。一件事情做得圆满了，就要含藏收敛，这是符合自然规律的道理。

【智慧全解】

水盛在器皿里太满就会溢出来，所以应适可而止。刀刃磨得太锋利就容易折断，不能保持长久。金银财宝太多，没有人最终能守得住。富贵了而骄奢淫逸，就会自招祸患，世人要引以为戒。因此，人生在世，处世不宜过于冲动、刚强，凡事不要做得太过，要留有余地。

贪慕权位利禄的人，往往得寸进尺；恃才傲物的人，总是锋芒毕露、耀人眼目，这些是应该引以为戒的。否则，富贵而骄，便会招来祸患。就普通人而言，建立功名是相当困难的，但功成名就之后如何去对待它，那就更不容易了。老子劝人功成而不居，急流勇退，以保全天年。然而，有些人则贪心不足，居功自傲，忘乎所以，结果身败名裂。

秦国丞相李斯即是如此。李斯在秦国为官，已经做到丞相之职，权大势重不可一世，最终却做了阶下囚。临刑时，他对儿子说，“吾欲与若复牵黄犬，俱出上蔡东门逐狡兔，岂可得乎？”不仅丞相做不成了，连做一个布衣百姓与儿子一起外出狩猎的机会也没有了，这是多么典型的一个事例！然而，对普通人而言，如果没有身败名裂之时，是不太可能领会“功成身退”的真谛的。

我们在历史长河中，可以看到有不少人因恃才傲物，不能宽待他人而招致杀身之祸的。东汉杨修，恃才放旷，不知收敛锋芒，最终落得斩首；三国时期的张飞，经常体罚下属，后因关羽之故，又以暴力对待下属，结果引来杀身之祸。类似的例子数不胜数，正如《道德经》中所说：“强梁者不得其死。”“不知常，妄作凶。”这些都值得我们学习和深思。

春秋时候的范蠡，对老子功成身退之道的理解和运用都堪称完美，深得老子哲学精髓。越王勾践被吴王夫差打败之后，范蠡建议他亲自去吴国做人质，以求保全越国，等待机会东山再起，勾践听从了这个建议。于是，范蠡亲自陪着勾践前往吴国，卧薪尝胆三年，一方面麻痹吴王夫差，另一方面为越国积聚实力准备反攻赢得时间。

范蠡建议的卧薪尝胆，就是第一个层次的以“不争”为“争”，没有几个国王可以屈尊亲自去做人质，而越王勾践做到了。把“不争”之道发挥得淋漓尽致，这样，后来的“争”才变得很容易。

帮助越王勾践灭掉吴国，成功复仇之后，范蠡马上离开了越王勾践，离开了越国，去齐国经商。这就是更高层次的“不争”，也就是功成身退。

老子讲的功成身退之道，不是凭空想象出来的，而是由自然之道感悟出来的。树叶到了秋天就会凋落，因为这时候的树木不再需要那么多的养分，这就是大自然中的“功成身退”。

作为普通人，要做到淡泊名利与地位，才有可能做到“功成身退”。在一定条件下，事物的发展本来就是向着自己的反面转化的，否泰相参、祸福相依，古今中外历史上长盛不衰的能有几人？“功成名就”固然是好事，但其中也含有引发祸端的因素。老子已经悟出辩证法的道理，正确地指出了进退、荣辱、正反等互相转化的关系，不依照规律行事便会招致灾祸。因而他奉劝人们必须趁早罢手，见好就收。在事情做好之后，不要贪恋权位名利，不要尸位其间，而要收敛意欲，含藏动力。

第十章　修养玄德

载营魄抱一①，能无离乎？专②气致柔，能如婴儿乎？涤③除玄鉴④，能无疵乎？爱民治国，能无为乎？天门开阖⑤，能为雌⑥乎？明白四达，能无知乎？（生之畜之，生而不有，为而不恃，长而不宰，是谓玄德。⑦）

①载营魄抱一：守护灵魂与坚守大道。载，加，持。营魄，魂魄。抱一，坚守大道。②专：结聚。③涤：洗涤。④玄鉴：微妙的心境。⑤天门开阖：感官活动。天门，指耳目口鼻等人的感官。⑥雌：泛指阴柔之性，此处意为宁静、静笃。⑦一说此五句疑为第五十一章错简重出，与前文不合，当删。

【译文】

守护灵魂与坚守大道，能不分离吗？聚结精气达到柔和，能像婴儿那样吗？洗涤微妙的心境，能没有一点瑕疵吗？爱民治国能遵行自然无为的规律吗？感官活动，能做到宁静吗？明白通达，能自己认为无知吗？（生长养育万物，而不占有，施泽万物而不居功，养育万物而不主宰，这就是深厚的恩德。）

【智慧全解】

人类有一个最大的特点，就是拥有自己的精神与意志，人类利用自己的精神和意志去思考和判断，从而理解世界。但是，由于人们自身认识的局限性和片面性，导致很多错误与失败，甚至造成无法挽回的损失，给自己带来了痛苦和懊悔。这是什么原因呢？

人们常说：心有余而力不足，或是力有余而心不足。这就是因为人类的灵魂和肉体经常是不在一起的，大多数时候它们处于分离状态。我们的灵魂经常想要达到一个很高的境界，但我们的肉体却无法承担，我们的万丈雄心经常在残酷的现实面前表现得极其脆弱。这正是我们人类最大的烦恼，它带给我们心理与生理上的失调。而且，在天地万物中，只有人类有这样的痛苦，其他动植物并不存在这种失调现象，这是因为它们的生长都是依靠自然法则，一切沿着大道的方向前进。

在现实生活中，不被俗事困扰者，只有两种人，一是圣人，一是婴儿。婴儿不谙世事，万事皆清，头脑混沌，不知何物为何物，不知何事为何事，只知道饿了就吃，困了就睡，不去思考，一切顺应人的自然本性，他的灵魂和肉体是合二为一的，当然不会有烦恼和痛苦。圣人不是天生的，他也必然经历过庸人的阶段，他感受过痛苦和烦恼的滋味，他不想让自己再度痛苦，于是明智地选择了与大道同步：做到了灵魂和肉体和谐统一；做到了专气致柔而如婴孩；做到了心镜明净而无瑕疵；做到了如雌性无欲而逍遥；做到了不受知识的局限而透悟真理。

“专气致柔”就是把自己的精神和元气凝聚起来。如果我们能够聚集体内精气而长久保持婴儿般的柔软体态，就能长盛不衰。我们必须经过心灵的活动才能达到精神和元气相合，心灵就像一面镜子，宇宙万象通过此镜尽览无余，镜面必须经常擦拭，去除其污垢才能明察世间百态。

宋朝词坛大家苏东坡在瓜洲任职时，某天因坐禅开悟，自认为已超凡脱俗，不为世俗八风所动。于是，因体悟而做成一诗偈：稽首天中天，毫光照大千。八风吹不动，端坐紫金莲。

诗写好后，他反复吟哦，觉得非常满意。这时，他想起好友佛印禅师来，他想，禅师如果看到这首诗，一定会大大赞赏一番，甚至会拍案叫绝。于是，他立刻把这首诗抄到诗笺上，用信封封好，令书童乘船从江北送到江南，呈给金山寺的佛印禅师指正。

佛印禅师看后，挥毫批了两字：放屁。

苏东坡见侍者带回的批字后，火冒三丈，立即乘船过江。佛印料到苏东坡会前来兴师问罪，故早已在江边恭候。

一见面，苏东坡指责道："禅师，你为什么侮辱我的诗？"佛印若无其事地答道："没有啊，我骂了你什么？"苏东坡指着"放屁"二字，责问道："这是什么？你还狡辩？"佛印呵呵大笑："噢，你不是八风吹不动吗，怎么被一个屁打过江来了？"

苏东坡一听，默然无语，自叹修养不及禅师。

正所谓：菩提本无树，明镜亦非台。本来无一物，何处惹尘埃。世间本来就是空的，看世间万物无不是一个"空"字，心本来就是空的话，就无所谓抗拒外面的诱惑，任何事物从心而过，不留痕迹。这是禅宗的一种很高的境界，领略到这层境界的人，就是所谓的开悟了。

第十一章　有无之道

三十辐①共一毂②，当其无③，有车之用。埏埴④以为器，当其无，有器之用。凿户牖⑤以为室，当其无⑥，有室之用。故有之以为利，无之以为用⑦。

①辐：车轮中连接轴心和轮圈的木条，古代车轮由三十根辐条构成。②毂（gǔ）：车轮中心的圆木，用来穿插车条并连接车轴。③当其无：车轮当中有空心轴套。无，指毂的中间空的地方。④埏埴（shān zhí）：制陶。埏，用水和土。埴，制陶黏土。⑤户牖（yǒu）：门窗。⑥无：这里指门窗中空。⑦有之以为利，无之以为用：“有”给人便利，“无”也发挥了作用。

【译文】

三十根辐条汇集到一个车毂上，有了车毂的中空，才能具有车的作用。把粘土放进模具做成器皿，有了器皿的中空，才能具有器皿的作用。开凿门窗以为房舍，有了门窗的中空，才能具有房舍的作用。所以，“有”带来便利，“无”带来功用。

【智慧全解】

在现实生活中，一般人只注意实有的东西及其作用，而忽略了虚空的东西及其作用。老子举了三个例子：车子的作用在于载人运货；器皿的作用在于盛装物品；房屋的作用在于供人居住，这是车、皿、室给人的便利。车子是由辐条和毂等部件构成的，这些部件是“有”，毂中空虚的部分是“无”，没有“无”车子无法载人运货，其“有”的作用也就发挥不出来了。器皿没有空虚的部分，即无“无”，就不能起到装盛东西的作用，其外壁的“有”也无法发挥作用。房屋同样如此，如果四壁门窗之中没有空的地方供出入、采光、流通空气，人就无法居住，可见是房屋中空的地方发挥了作用。就好比大米，是人用来填饱肚子的，是让身体四肢生出力量的。但米以“物”的方式存在，它就永远只是“米”；要变成力气，则必须被人嚼碎、吞下，彻底消灭其“米”的形态。

这正是告诉我们，在人际交往中，不要被事物的表面现象所迷惑；在管理中更是不能只看到“有”，而忽略了“无”的存在和作用。只有两样都了解并且都采纳的人，才能在人生中立于不败之地！推而广之，把“无”的东西硬当做是“有”，为它烦恼，为它生出恶念，也是相当愚蠢的。

话说以前有两个穷人，因为欠下了不少外债，便商量好趁着天黑逃跑。逃跑途中，他们坐在路边休息，其中一个人说：“唉，你说如果咱们这么走着走着，忽然捡到一大笔钱的话应该怎么分呢？”

另外一个人说：“如果捡到那么多钱的话，当然是见者分一半，你应该分给我一半。”

提出问题的那个人说：“你想得倒是不错。不过那可不行，钱这东西，谁捡到了就是谁的，凭什么分给你一半？”

另外一个人生气了，叫道：“什么？咱们一起赶路，捡到了钱当然是一人一半了，难道你还想独吞不成？想不到你居然是这种贪财之人，太不够朋友了！”他越说越激动。

提出问题的人也急了，嚷道：“你凭什么骂我呀？你算什么东西？”

就这样，两人越吵越激动，越吵越生气，最后终于扭打起来了。

这时正好有一个人从他们身边经过，看到他们大打出手，便过来劝解道：“喂！你们这是干什么呀？究竟为了什么打成这样？”

两个人中的一个说：“正好请你来评一评理，我们两个人一起出门，这个家伙捡了钱却不肯分给我，想要独吞。”另一个人也不甘示弱地说：“对，请你评一评理，我捡到的钱当然是我的，这小子凭什么要分一半，太无耻了吧。”

劝架的人说：“你们都别激动，我来给你们调解调解。你们先告诉我，到底捡了多少钱呢？”

听了这个问题，两个打架的人都傻了眼，他们异口同声地说：“还没有捡到呢！”劝架的人听了不禁哈哈大笑，说道：“你们为本来没有的东西打起来，这又何苦呢？”

生活中有如上所说的“无”中生“有”的幻想家，也有不知道如何正确对待“有”的人，而且这种人不占少数，大多数人都会犯这样的错误。那么，对于我们拥有的东西，该如何正确对待呢？我们应该始终保持虚无的态度：做到“有功”而不自居；“有才”而不自傲；“有力”而不乱用，等等。因为“有”和“无”是互相转化的，我们拥有的东西可能会瞬间化为乌有，只有保持虚无的心态对待自己拥有的东西，才能真正地拥有它们。

第十二章　戒奢以俭

五色①令人目盲②；五音③令人耳聋；五味④令人口爽⑤；驰骋畋猎⑥令人心发狂；难得之货令人行妨⑦。是以圣人为腹不为目⑧。故去彼取此⑨。

①五色：指青、黄、赤、白、黑五种颜色。②目盲：比喻眼花缭乱。③五音：指宫、商、角、徵、羽五种声音。④五味：指酸、苦、甘、辛、咸五种滋味。⑤口爽：意为味觉失灵，生了口病。⑥畋（tián）猎：打猎。⑦行妨：伤害操行，行为离开正轨。妨，伤害。⑧为腹不为目：求三餐温饱而不追逐声色之娱。目代表巧伪多欲的生活方式。⑨去彼取此：摒弃物欲的诱惑，而持守安足的生活。彼，指“为目”的生活。此，指“为腹”的生活。

【译文】

缤纷的色彩使人眼花缭乱，嘈杂的音调使人听觉失灵，丰盛的食物使人舌不知味，纵情狩猎使人心放荡发狂，稀有的物品使人行为不轨。圣人但求三餐温饱而不追逐声色之娱，所以应当摒弃物欲的诱惑而保持安定知足的生活方式。

【智慧全解】

在佛教理论中，人的感觉器官被分成了六类：眼、耳、鼻、舌、身、意。这六个器官分别感知着色、声、香、味、触、法六种尘世境界，正因为感知了这六种境界，所以人便产生了喜、怒、哀、乐、忧、思六种意识；正是由于这六种意识的存在，才使我们原本平静的内心充满了欲望，当欲望得到满足时我们狂喜，当欲望得不到满足时我们的内心便备受煎熬，我们的灵魂有一种想要出窍的痛苦，我们仿佛跳入了火海般难以解脱、不能自拔。

也许你也有过类似的经验，当你置身于一个琳琅满目的市场，有时真的感到无所适从。当全部的生命一直都向外追逐的时候，情形比这好不了多少。所以需要隔离，隔离产生智慧。当老子选择放弃王官的身份，成为一个隐士的时候，他选择的正是这样一种隔离。这种隔离可以让他安静下来，如诸葛亮所说，产生致远的效果。

老子生活的时代，正处于新旧制度交替、社会动荡不安之际，奴隶主贵族的生活日趋腐朽糜烂。他目睹了上层社会的生活状况，因而认为社会的正常生活应当是为“腹”不为“目”，务内而不逐外，但求温饱，不求纵情声色之娱。在此，老子所反对的是奴隶主贵族的腐朽生活方式，因为“五色”、“五味”、“五音”、打猎游戏、珍贵物品并非一般劳动者可以拥有，而是贵族生活的组成部分。

上天赋予我们眼睛就是用来看东西的，赋予我们耳朵就是用来听声音的，赋予我们口舌就是用来吃食物的，赋予我们意识就是用来体会的。当然，好看的色彩谁都愿意看，好听的音乐谁都愿意听，好吃的东西谁都愿意吃，好玩的游戏谁都愿意玩！但是，这里有一个如何取舍的问题。老子主张真朴、无欲、贵俭。为追求物欲而损伤身心者，历史可以提供无以计数的例证。

古往今来有多少英雄被美色所诱惑，导致失败，甚至误国殃民，悲惨地死去；有多少大丈夫拜倒在女人的石榴裙下，沉浸在温柔乡中不能自拔，丧失斗志和理想。腐败及堕落的种子总是从耀眼的色彩中开始生根发芽。美女、金钱、权力无不是色彩丰富的光环，无不是我们所向往和追求的。然而，追求到“发狂”的地步时，就必然“行妨”。就好像是离太阳越近，就越发灼热，甚至会被烧死。

同样的道理，人类的口舌具有品尝和鉴赏味道的能力，好吃的就多吃几口，不好吃的就少吃几口，甚至不吃，这就养成了我们口舌的贪欲。为了满足这种贪欲，我们该吃的、不该吃的都吃了，而且是变着花样吃，其结果不仅导致生态环境被破坏，也使我们染上了各种各样的疾病。

从上述情况来看，不管是五色、五音还是五味，之所以会带给我们伤害，都是因为我们的欲望在无限制地膨胀。老子主张的是保持一种属于自我的、内在的、安静恬淡的生活，放弃追逐远离自我的、外在的、声色犬马的物欲生活。如果我们能够控制自己的欲望，甚至削减它，就不会被这些外在的东西轻易伤害到。

东晋时，吴隐之做官后生活仍然很清苦，有人对此很不理解，对他说：“你苦读诗书，就是为了出人头地，现在你有地位了，却不改善自己的生活，你不觉得有失体面、太吃亏了吗？”

吴隐之说：“一个人读书做官如果只是为了贪图富贵，他的人生理想就太低俗了，只能沦为一名恶人。这样，读书做官对他而言便是一件坏事，是促其堕落的平台，又有什么值得称道的呢？我不想成为这样的恶人。”

吴隐之每月领到俸禄后，第一件事便是接济贫穷的亲友和乡邻。他的家人不赞成：“你不贪不占，对于当官的人来说已经很难得了。你的俸禄是你自己辛苦所得，我们自己尚且不富裕，怎么还拿去白白送给别人呢？”

于是，吴隐之做起了家人的思想工作，他说：“戒除贪心不是一件容易的事，这需要时时刻刻的努力。我也担心自己一旦富裕起来，就开始追求享受，现在清苦一些是好事啊！”

由于吴隐之清廉有德，朝廷对他屡有褒奖，十分信任。就连朝中同僚都向皇帝推荐吴隐之：“一个人如果能做到不贪，那么任何东西都无法诱惑他了，这样才能保持公正，让人信服，使社会风气好转。吴隐之有许多贪图的机会，但他却经受住了考验，这是其他人不可比拟的。”

一个人越是投入外在的旋涡里，越会流连忘返，产生自我疏离感，而心灵也会日益空虚。由此，许多人便会更加疯狂地追逐外在东西。所以，老子才提醒人们要摒弃外界物欲的诱惑，保持内心的安足清静，确保固有的天性。如今，现代文明高度发达，许多人只求声色物欲的满足，价值观、道德观严重扭曲，有些甚至走上犯罪的道路。读了本章，令人感慨不已。人类社会的精神文明应与物质文明同步发展，而不是物质文明水平提高了，精神文明就自然而然地紧跟其后。这种观点是错误的。

五色令人目盲，五音令人耳聋，五味令人口爽，驰骋畋猎令人心发狂，难得之货令人行妨。是以圣人为腹不为目，故去彼取此。

第十三章　宠辱不惊

宠辱若惊，贵大患若身[1]。何谓宠辱若惊？宠为上，辱为下；得之若惊，失之若惊，是谓宠辱若惊。何谓贵大患若身？吾所以有大患者，为吾有身[2]；及吾无身[3]，吾有何患？故贵以身为天下，若可寄天下；爱以身为天下，若可托天下。

①贵大患若身：重视大患就像珍贵自己的身体一样。贵：珍贵、重视。若身：如同身家性命一般。②有身：从有而身，即一种重有形之物的人生态度。③无身：从无而身，即一种重无形之物的人生态度。

【译文】

受到宠爱或侮辱都感到担惊受怕，把荣辱这样的大患看得与自身生命一样珍贵。为什么说受到尊崇或侮辱会使人惊恐呢？得宠的人处于卑下的地位，得到宠爱就感到格外惊喜，失去宠爱则惊慌不安。这就叫做宠辱若惊。什么叫做重视大的忧患像重视自身生命一样？我之所以有大的忧患，是因为我有这个身体；如果我没有这个身体，我还会有什么祸患呢？所以，像珍贵自身一样去治理天下的人，才可以将天下托付给他；像爱护自己的身体一样爱护天下的人，才可以将天下重担交给他。

【智慧全解】

人生在世，难免要与功名利禄、荣辱得失打交道。有些人对于身体的宠辱荣患十分看重，甚至于重视身外的宠辱远远超过自己的生命。他们以荣宠和功名利禄为人生最高理想，目的就是为享荣华富贵、福佑子孙。总之，他们活着就是为了寿、名、位、货等身外之物。实际上，功名利禄可说是人人都需要，但是，把它摆在什么位置上，人与人的态度就不同了。如果你把它摆在比生命还要宝贵的位置上，那就大错特错了。

由于过于在意别人对自己的看法，或者说过于爱惜自己的羽毛，过于注重自己的地位声望，别人奉承你你就高兴，别人批评你你就生气，终日惶惶、不能安寝；那么，你必然是随时随地悬着得失心，做任何事都无法当为即为，甚至放手而为都不敢，导致患得患失、进退无据。这样生活就太辛苦了！这种终日惶惶、患得患失过日子的人，之所以生活痛苦，最主要的原因是把自我的名相看得太重了！反之，当一个人能以无私无我的态度来面对一切事物的时候，他还有什么好担忧的呢?

老子从“贵身”的角度出发，认为生命远远贵于名利荣宠，要清心寡欲，对一切声色货利之事皆无动于衷，然后可以受天下之重寄，而为万民所托命。这种态度基本上是正确的。

《庄子·田子方》中有一个故事，可以对此作一个很好的注解。

肩吾问孙叔敖：“你三次出任令尹却不显出荣耀，你三次被罢官也没有露出忧愁的神色，起初我对你确实不敢相信，如今看见你的容颜是那么欢畅自适，你心里到底是怎么想的？”

孙叔敖说：“我哪里有什么过人之处啊！我认为官职爵禄的到来不

必去推却，它们的离去也不可以去阻止。我认为得与失都不是出自我自身，因而没有忧愁的神色罢了。我有什么过人之处呢？况且我不知道这官爵是落在他人身上，还是落在我身上呢。落在他人身上，那就与我无关；落在我的身上，那就与他人无关。我正心安理得、悠闲自在，我正踌躇满志、四处张望，哪里还有闲暇去顾及人的尊贵与卑贱啊！”

官来不推、官去不阻，就是宠辱不惊。做到这一点很不容易，宠是一种人们极容易接受的诱惑，辱又让人们非常抗拒，面对这两样东西，心态有波动，是人类与生俱来的本能，但是老子讲的心静又是另一回事了。宠和辱本来都不是你自己的，而是别人给你的，这么一想，保持心静就不难了，因为这才是最大的自然。

可见，以对待耻辱的心态去对待荣宠，我们便能远离耻辱；患祸会伤害我们的身心，像爱惜自己的身体那样去重视祸患，我们便能远离祸患。只要把信念装入我们的头脑，把智慧放进我们的心灵，淡泊自守，少私寡欲，我们就能从容面对一切荣辱、祸患。

宠辱若惊，贵大患若身。何谓宠辱若惊？宠为上，辱为下；得之若惊，失之若惊，是谓宠辱若惊。何谓贵大患若身？吾所以有大患者，为吾有身；及吾无身，吾有何患？故贵以身为天下，若可寄天下；爱以身为天下，若可托天下。

第十四章　道态惚恍

视之不见，名曰夷[①]；听之不闻，名曰希[②]；搏之不得，名曰微[③]。此三者不可致诘[④]，故混而为一[⑤]。其上不皦[⑥]，其下不昧[⑦]，绳绳[⑧]兮不可名，复归于无物[⑨]。是谓无状之状，无物之象，是谓惚恍[⑩]。迎之不见其首，随之不见其后。执古之道，以御今之有[⑪]。能知古始[⑫]，是谓道纪[⑬]。

①夷：无色。②希：无声。③微：无形。④不可致诘（jié）：（力所不及）不可能搞清楚。诘，追问、索问。⑤一：指“道”。⑥皦（jiǎo）：清晰、光明。⑦昧：阴暗。⑧绳绳：不清楚、连绵不断。⑨无物：无形状的物，即“道”。⑩惚恍：若有若无，闪烁不定。⑪有：指具体事物。⑫能知古始：用它来了解宇宙的初始。古始，宇宙的原始，或道的开端时期。⑬道纪：“道”的纲纪，即“道”的规律。

【译文】

看它看不见，称它为“夷”；听它听不到，称它为“希”；摸它摸不着，称它为“微”。这三者的形象无从追究，它们原本就浑然而为一。它形而上的一面不显光明，它形而下的一面不显阴暗。它延绵不绝、无始无终地发展变化，难以给它命名，一切运动又回复到无形无象的状态。这就是没有形状的形状，不见具体物象的物象，这就叫做“惚恍”。迎着它看不见它的头，跟着它也看不见它的尾。把握亘古长存的“道”，用它来驾驭现实存在的具体事物，用它来了解宇宙的初始，这就是“道”所要求的法则。

【智慧全解】

超脱于具体事物之上的道，与现实世界中的万事万物有着根本的不同。它没有具体的形状，看不见，听不到，摸不着，它无边无际、无古无今地存在着，时隐时现，难以命名。

道支配着万物，但它又存在于冥冥之中，无迹可循；同时它又是多变的，不易被人把握。它没有前进和后退、运动和静止、光明和黑暗的对立，所以它是永恒的，生生不息、绵延不绝的。当我们感觉到它的存在时，它又恢复到无迹可寻的状态中了。它恍惚缥缈、若有若无、若明若暗，令人捉摸不定。在此，老子用经验世界的一些概念对它加以解释，然后又一一否定，反衬出道的深微奥秘之处。

我们用眼睛去看而看不到的东西，不能否认它的存在。比如你站在平原上极目远眺，看到的只是地平线，而地平线那边的景物是看不到的；在没有任何仪器的辅助下，你看不见细菌的活动，然而细菌却是实实在在地存在着。这些用眼睛无法看到的东西称为“夷”。夷是平和白的，在你的眼前一片平白，你自然不可能看到任何东西，这就是大道无形。

我们用耳朵听不到的声音，不能说它不存在。比如超声和次声，都是用耳朵无法感知的；我们也不可能听到远处的昆虫鸣叫声，或是一根针掉在沙土上的声音。这些用耳朵无法听到的声音称为“希”。希就是稀薄，这就是大音希声。

我们用手无法捕捉的事物，也同样不能认为它不存在。你是否能用手捕捉到一粒飘浮在空中的灰尘，恐怕不能；你是否能用手抓住一束光，显然也做不到。这些用手无法捕捉的事物称为“微”。微就是细小，细小到能从你紧握的指缝中轻易溜走，这就是大道无形。

那么，大道具体是什么东西呢？大道就是那个看不见、听不到、摸不着的东西，它无法用我们的视觉、听觉、触觉所感知。希、夷、微这三个概念无法穷究道的本原和真正的内涵，它们是不可分割的一个整体，我们称之为“一”。

道无时无刻不与我们在一起，规范着我们的行为。我们知道整个世界都是从道中生出来的，整个宇宙都体现着道的存在。因此，道就是法规，道就是我们的行为准绳，它就像一座拔地而起与天相连的大山，任你有多大的本领也不能逾越。鸟因为有翅膀可以翱翔于天空，鱼因为有鳃鳍可以畅游于水底，马因为有强健的腿可以奔行于大地，人因为有思想而成为地球的主人，这一切是如何来的，是谁规定的？就是大道！只有大道才有这种力量。道就在我们的身边。正如我们常说的“谋事在人，成事在天”，又如“冥冥之中自有安排”，这里的“天”和“冥冥”指的就是道。道就是规律，道就是自然界中的注定，是不可违背的。违背了这个规律，当然就会吃亏。

第十五章 善为道者

古之善为道者[1]，微妙玄通[2]，深不可识。夫唯不可识，故强为之容[3]：豫兮[4]，若冬涉川[5]；犹兮[6]，若畏四邻；俨兮[7]，其若客；涣兮[8]，其若凌释；敦兮[9]，其若朴；旷兮[10]，其若谷；混兮[11]，其若浊；（澹兮，其若海，飂兮，若无止。[12]）孰能浊[13]以静之徐清？孰能安[14]以动之徐生？保此道者，不欲盈[15]。夫唯不盈，故能蔽而新成[16]。

①道者：运用道的人。②微妙玄通：形容一个人深刻的思想和睿智的头脑。③容：形容、描述。④豫兮：形容迟疑、慎重的样子。“豫”原是野兽的名称，性多疑。⑤涉川：过河，形容战战兢兢，如临深渊。⑥犹兮：形容警觉、戒备的样子。“犹”原是野兽的名称，性警觉。⑦俨兮：形容神态庄严、恭敬的样子。⑧涣兮：形容流动的样子。⑨敦兮：形容敦厚老实的样子。⑩旷兮：形容心胸开阔、旷达。⑪混兮：形容浑厚纯朴的样子。混，通“浑”。⑫此句原为第二十章中的句子，一说此句为二十章错简，应移至此处。⑬浊：动态。⑭安：静态。⑮不欲盈：不求自满。盈，丰盈、满。⑯蔽而新成：推陈出新，去故更新。

【译文】

古时候善于运用道的人，微妙通达，深刻玄远，达到了常人无法理解的地步。正因为无法认识他，所以只能勉强加以形容：他小心谨慎啊，好像冬天踩着水过河；他警觉戒备啊，好像防备着邻国的进攻；他恭敬郑重啊，好像做客一样；他行动洒脱啊，好像冰块缓缓消融；他纯朴厚道啊，好像未经雕琢的原木；他旷远豁达啊，好像深幽的山谷；他浑厚宽容啊，好像江河浊流一样；（他宁静深沉啊，像浩淼的大海；他飘扬放逸啊，像永无止境。）什么能让混浊和动荡停止？静下来沉淀，自会慢慢清澈。什么能让安定长久？不断地创新，自会稳步发展，保持活力。保持这种道的人不会自满。正因为他从不自满，所以能够不断地从陈旧中创新而永远不会穷尽。

【智慧全解】

老子承接上一章的内容，讲解领悟了“道纪”之人的情貌特征。他称赞得道之人的“微妙玄通，深不可识”，他们掌握了事物发展的普遍规律，懂得运用普遍规律来处理现实存在的具体事物。也可以说，这是教一般人怎样掌握和运用“道”。得道之士的精神境界远远超出一般人所能理解的水平，他们具有谨慎、警惕、严肃、洒脱、融和、纯朴、旷达、浑厚等人格修养，他们微而不显、含而不露，高深莫测，为人处世从不自满高傲。

孔子有一次路过太庙，看见了一个十分精巧的器皿，就问守庙人那是什么东西。守庙人告诉孔子，那件器皿叫做“欹器”，是古代君主用来提醒自己不要自满的器皿。孔子听了很感慨地说：“世界上哪有溢满而不倾倒的东西呢？”孔子能从一个小小的器皿中感悟出人生的道理，可见万物的表现形式虽然千差万别，但只要我们能把握其内核，就能揭示其发展变化的规律。

从生命的本质意义上来考察，人类是大自然的普通客人，和其他生物一样，没有生和死的选择权，是人生路途上的匆匆过客，这是大道的必然规律。个人只是自然界的匆匆过客。得道之人和大道同步，他们乖乖地做客人，严肃认真地对待日常生活琐事，和世间的庸人有着本质的不同：庸人以大自然的主人自居，势必以尊贵的态度对待自己而以嚣张的态度对待自然，庸俗之人以损害自然为代价来满足自己的私欲，最后以毁灭自己而告终。

就像鱼离不开水一样，一旦离开就无法存活。但是，如果有鱼以为自己是水的主宰，那么直到它离开水的时候它就会明白水的宝贵，才知道原来水才是它生命的根源。我们也许会认为鱼很傻，其实人类有时和鱼一样傻。

我们沐浴在阳光中，陶醉在春光里，漫步在沙滩上，依偎在树丛间，开荒造田，育木成林，自由自在地呼吸，这一切都是大自然恩赐给我们的，都是大道为我们创造的。然而，人类并不这样认为，人类以为自己是天地的主宰，是自己创造了万物；人类并不知道感谢道，也不知道这一切的宝贵，直到有一天失去它时才知道自己是愚蠢的，才知道它们的重要性。就像我们现在才知道水的珍贵，才知道保护环境的重要性。

离开道就无法生存，这一点我们是知道的，但是有多少人能真正了解道呢？虽说道是不可见、不可听、不可触的，但是它却可以体察得到。所谓体察，顾名思义，就是用身体去察验。换句话说就是试探。比如冬天河水结冰了，人们往往会从冰面上过河，或是在冰面上玩耍。但是，整个河面上的冰冻结的薄厚并不均匀，一不小心就会踩破薄冰落入水中。所以，人们在冰上行走时就会特别小心谨慎。这也正是了解道的人所要效仿的。他绝不会让自己置身于险境，或是给自己制造麻烦，也不会不经深思熟虑就贸然行事。

冯异是光武帝刘秀的心腹，他为人谦逊有礼，并且治军有方。当时绿林赤眉起义还没有被平定，因冯异能征善战，被光武帝委以平乱重任。冯异的聪明之处就在于，他从不为此炫耀。行军平乱途中，他与其他将领在路上相遇，哪怕对方官职比他小，他也一定引车避道，让别人先过。将军们商讨部署作战方案，别人都坐在一起吹嘘自己的功劳，冯异却从来不言不语，一个人靠在大树下，其“大树将军”的外号就由此而来。他这种做法很有成效，光武帝一直很信任他。

后来，冯异的战功越积越多，官也越做越大，并且常年领兵在外，他担心这会给自己带来杀身之祸，因此多次向光武帝请求还朝，光武帝一直不同意。据说，当时有人曾经上奏章说冯异专制关中，想拥兵自立为咸阳王，光武帝不但不相信，还把奏章给冯异看。冯异看了后，上表感谢光武帝的信任。随后冯异又亲自入朝，光武帝赏赐给他很多东西，又和他商议如何消灭巴蜀的公孙述，还让冯异的妻子与他一起回关中。古人云：伴君如伴虎，冯异能一直领重兵在外而被光武帝信任，不刻意显露自己是至关重要的原因。

大道对所有人和事物都是一样的，它体现着一种公平和朴实，一种浑然无欺的诚实。大到一个国家的治乱兴衰，小到我们个人的成败得失，都离不开道。只要你能悟道，能遵循道的要求为人处世，无论遇到什么棘手的问题，都能得心应手，应对自如。

古之善为道者，微妙玄通，深不可识。夫唯不可识，故强为之容：豫兮，若冬涉川；犹兮，若畏四邻；俨兮，其若客；涣兮，若冰之将释；敦兮，其若朴；旷兮，其若谷；混兮，其若浊。孰能浊以静之徐清？孰能安以动之徐生？保此道者，不欲盈。夫唯不盈，故能蔽而新成。

第十六章　致虚守静

致虚极，守静笃[①]。万物并作[②]，吾以观复[③]。夫物芸芸[④]，各归其根。归根[⑤]曰静，静曰复命[⑥]。复命曰常[⑦]，知常曰明[⑧]。不知常，妄作凶。知常容[⑨]，容乃公，公乃全[⑩]，全乃天[⑪]，天乃道，道乃久，没身不殆[⑫]。

①致虚极，守静笃：虚和静都是指人心灵的空明状态，但由于外界的干扰、诱惑，人的私欲开始活动。因此心灵闭塞不安，所以必须注意“致虚”和“守静”，以期恢复心灵的清明。“极”和“笃”意为极度、顶点。②作：生长、发展，指生命活动。③复：循环往复。④芸芸：茂盛、纷繁的样子。⑤归根：复归于道。⑥复命：复归本性。⑦常：常态，指万物变化的永恒规律。⑧明：万物的运动和变化都依循着循环往复的规律，对于这种规律的认识和了解，叫做“明”。⑨容：宽容、包容。⑩全：全面、普遍。⑪天：指自然的天，或为自然界的代称。⑫道乃久，没身不殆：自然界的源远流长，是人类世代平安的根本保障。没身，终身。殆，危险。

【译文】

使心灵的虚寂达到极点，使生活清静坚守不变。万物都一齐蓬勃生长，我由此来观察它们的循环往复。万物形形色色变化多端，最后都要各自复归它们的根源。回归到生命的根源叫做“静”，静虚之后又重新孕育生命。重育生命的生命循环就叫做“常”，知道了事物的常理叫做“明”。不认识这个规律，而妄加作为的就会有凶险。知道“常”后就能包容，能包容就能大公无私，能大公无私才能天下归顺，天下归顺才能符合于道，符合于道才能长治久安，终身没有危险。

【智慧全解】

以往人们研究老子，总是用“清静无为”、“恬淡寡欲”这几句话来概括老子的人生态度，但从总体上看，老子比较重视清静无为，主要是就治国治世的政治用语，不完全指修身的问题。

老子在这一章又一次告诫我们做人做事要有节制，要知道满足，万不可过度放纵自己的欲望，否则就会物极必反，给我们自身带来无法弥补的损失；就会背离大道的宗旨，最终走向灭亡！

人生在世，七情六欲。欲望本非坏事，欲望、欲求正是我们追求发展的内在原动力。正是因为人有了欲望、欲求，才会有理想、信念、追求，才会有科学的进步，有各种物质和精神的建树。但是，欲求难在有度，失度就会贻害无穷。放纵情欲、物欲就会迷失本性，坠入欲望的深渊。

我们刚出生时是极其单纯的，只有饥饿的感觉，只知道吃东西，不知道世界上还有其他更多的奢求。但是，随着我们不断成长，我们不断了解世界，慢慢便有了这样或那样的需求和希望，当这些需求和希望达到一定程度时，就变成了我们自身无法控制的欲望，使我们欲罢不能。因为欲望，我们的双眼被蒙蔽了，只看到了万物兴盛的繁华景象；因为欲望，我们的心灵蒙上了尘垢，无法了解事物的本来面目。欲望使我们忘记了出生时的单纯；欲望使我们忘记了叶落归根的真实；欲望使我们忘记了自然规律的真意；欲望使我们湮没在繁华锦绣的喧哗中，而无法得到平静。我们是否真的能够入静呢？是否真的可以达到沉静无为、顺其自然的境界呢？其实是可以的，只要我们能让欲望离开我们的本性，只要我们能率性而为，我们就可以做到。

以下这个故事能很好地帮助我们理解沉静无为、顺应自然的道理。

一座寺庙中只有一老一小两个和尚。秋天来临，院子里到处都是稀稀疏疏的杂草，一片荒芜。老和尚到集市里买了一袋草籽回来，交给小和尚说：“你自己选个好地方去撒种吧。”

小和尚蹦蹦跳跳地跑了出去，喜滋滋地将杂草逐一拔掉，细心地把草籽均匀地撒在最肥沃的土地上。他的脑子里已经出现了一片绿油油的草地，蜂飞蝶舞，幻想着单调的禅院生活将因为这一片草地而改变。谁知道第二天忽然刮起了大风，小和尚想起自己昨天撒下去的草籽，赶紧去敲师傅的禅房门：“师傅啊，大事不好啦，草籽肯定都被大风吹走了！”

“慌什么，随它去吧！”师傅的声音不紧不慢，“被风吹走的草籽都是瘪的空的，没关系。”

风卷来了乌云，不一会儿，大雨便瓢泼而至。小和尚在寺庙里向外一看，发现地上的雨水汇成小溪向山下流去，于是又跑去敲师傅的禅房门：“不好啦，师傅！大雨把咱们的草籽都冲走了！”

“慌什么，随它去吧！”师傅还是一点也不着急，“雨冲到哪里，草籽就会在哪里发芽，没关系。”

傍晚时分，终于雨过天晴，小和尚的心情也好些了，不料一群麻雀又落在禅院的空地上唧唧喳喳地叫着。小和尚又冲进了师傅的禅房：“师傅，这下可真是不好啦！麻雀把咱们的草籽都吃光了！”

“慌什么，随它去吧！草籽那么多，鸟是吃不干净的，还能剩下好多呢，没关系。”

小和尚都快气疯了，心想自己怎么找了个“随它去吧”的“没关系”师傅，真是急死人了！

第二年春天，禅院里的小草郁郁葱葱，到处都是绿油油的，比小和尚原先设想的要好上不知多少倍。老和尚看着雀跃不已的小和尚，摸着他的脑袋说：“怎么样，我早说过随它去吧，没关系的，你看是不是？”

这个老和尚一句“随它去吧”虽然简单，却有着不同寻常的大智慧。小草随处可见，就是因为草籽的数量多，生命力又顽强，这就是小草的自然。无论是刮风下雨，还是来了麻雀，都是一些小干扰。风再怎么大，雨再怎么急，麻雀再怎么多，也不可能把草籽全部消灭，这些干扰改变不了小草生存能力强这个最大的“自然”，而我们要做的就是顺应这个自然。

假如不认识永恒的规律，强作妄为的结果就是凶。该来的时候来，该走的时候走，不被欲望牵着鼻子做糊涂事，就能拥有开明的智慧。

无论是认识人生哲理，还是认识客观世界，老子的基本态度是“致虚”、“清静”、“归根”和“复命”。在他看来，万事万物的发展变化都有其自身的规律，从生长到死亡、再生长到再死亡，生生不息，循环往复以至无穷，都遵循着这个运动规律。老子希望人们能够了解、认识这个规律，并且把它应用到社会生活之中。

第十七章　清静无为

太上①，不知有之②；其次，亲而誉之；其次，畏之；其次，侮之。信不足焉，有不信焉。悠兮③其贵言④。功成事遂⑤，百姓皆谓“我自然⑥”。

①太上：至上、至高无上的，指最高统治者。②不知有之：人民不知有统治者的存在。③悠兮：悠闲自在的样子。④贵言：指不轻易发号施令。⑤功成事遂：成就了事业。事，指君王治国安邦大业。⑥自然：自己本来就如此。然，如此也。

【译文】

最好的统治者，百姓并不知道他的存在；其次的统治者，百姓亲近他并且称赞他；再次的统治者，百姓畏惧他；更次的统治者，百姓轻蔑他。统治者的诚信不足，百姓就不相信他。统治者谨严慎微，珍重自己的言语，很少发号施令，事情自然圆满而成功，老百姓都说：“我们本来就是这样的。”

【智慧全解】

老子生于春秋战国时代，观察当时各国兴衰情况，再反证各国国君的治国方式，得出结论如下（对任何阶层的领导人均适用）：

第一等的国君：知人善用，顺应自然法则。

第二等的国君：勤政爱民，事必躬亲实践。

第三等的国君：严谨治国，提倡礼教法治。

第四等的国君：贪利谋私，用高压手段使民恐惧，无力抗拒其政策。

上古时期有很多得道的君主，他们以道治国，并不刻意去追求什么，而是让百姓顺其自然地生活。他们混迹于百姓之中，和百姓一起欢乐，一起悲伤，彼此之间没有戒心，没有敬畏，百姓不觉得他们高人一等，他们却让百姓生活得更自由、幸福，没有苛捐杂税，没有摊派，没有指示，也不用传达精神，百姓的事由百姓自己做主，而不是让那些热衷于政绩工程、面子工程、形象工程，甚至“豆腐渣”工程的人来为他们做主，天下祥和安宁，其乐融融。这样的君主可以无愧于“太上”的称号。

在老子的理想中，最好的政治状况是：统治者具有诚朴信实的素质，他悠闲自在，很少发号施令，政府只是服从于人民的工具而已，政治权力丝毫不得逼临于人民身上，即人民和政府相安无事，各自过着安闲自适的生活。

老子把这种理想的政治情境，与儒家主张实行的“德治”、法家主张实行的“法治”相对比，将其等而下之。实行“德治”，人民觉得统治者可以亲信，而且称赞他，这当然不错，但还是次于“无为而治”者。实行“法治”的统治者，用严刑峻法来镇压人民，实行残暴扰民政策，这就是统治者诚信不足的表现，人民只有逃避他、畏惧他。老子强烈反对这种“法治”政策，而对于“德治”，老子认为这已经是多事的征兆了。最美好的政治，莫过于统治者“贵言”，从不轻易发号施令，人民和政府相安无事，以至于人民根本不知道统治者是谁。

真正有威信的人，权力只是摆设，一般都是放在一边很少使用。试问，有谁见过足有威信的君主、领导者，当着众人夸夸其谈，长篇大论的？有谁见过足有威信的领导者，一次又一次地重复自己所说过的话，唯恐他人没听见或没听清？

在仙崖禅师的禅院中，有一个贪玩的学僧，耐不住寺院的寂寞，常常在晚上偷偷溜到后院的高墙下，架起高脚凳翻墙出去玩耍。仙崖禅师在一次巡查时发现了此事，他没有惊动任何人，只是顺手将凳子搬到一边，自己坐在墙下，等那学僧归来。时至夜深人静，年轻学僧游玩回来，不知墙内的凳子已被搬走，依旧从墙上翻下，却感到脚下的凳子变软了，下来一看，原来自己是踩在禅师的肩上，不禁吓得魂飞魄散，跪在地上不敢言语。禅师把他扶起安慰道："夜深露重，小心着凉，快回房休息去吧。"学僧回房后，心中一直忐忑不安，夜不能寐，担心禅师会当着所有学僧的面惩罚自己。但事情一天天过去了，禅师从不提此事，更无人知晓。学僧深感惭愧，从此再没在夜间外出过，而是专心致志，潜心研习，若干年后终成一代高僧。

我们也常说"强扭的瓜不甜"，因为人之所以强扭，是因为没等到瓜熟蒂落，没长熟的瓜怎么会甜呢？不顺应自然规律，必然会自食苦果。这里的自然规律也可称之为道。在现实生活中，一旦我们违背大道，就会受到惩罚，为了不受大道的惩罚，我们就必须合乎大道，合乎了大道，我们才会自由自在。推而言之，统治者要想不受大道的惩罚就要顺应大道，做到无为而治。

第十八章　失道而后德

大道①废，有仁义。智慧出②，有大伪③；六亲④不和，有孝慈；国家昏乱，有忠臣。

①大道：指社会制度和秩序。②智慧出：智慧用到了歪路上。出，出格。③大伪：巨大的虚伪奸诈。④六亲：父子、兄弟、夫妇。

【译文】

大道被废弃了，才显现出仁义。投机取巧、逐权夺利的聪明智慧出现了，伪诈才盛行一时。父子、兄弟、夫妻不再和睦，才彰显出孝慈。国家政治昏暗，就会出现效忠的臣子。

【智慧全解】

至德之世，大道兴隆，仁义行于其中，人皆有仁义，所以仁义看不出来，也就没有倡导仁义的必要。及至大道废弃，人们开始崇尚仁义，试图以仁义挽救颓风，此时社会已经不纯厚了。在这里，老子将辩证法运用于社会治理，指出：仁义与大道废、大伪与智慧出、孝慈与六亲不和、忠臣与国家昏乱，形似相反，实则相成，老子揭示了它们之间的对立统一关系，表达了相当丰富的辩证思想。

在人类社会，无论是修身齐家还是治国平天下，如果失道或刻意追求，其结果必然是走向反面。刻意追求聪明，就会使人变得奸诈。随着人类文明的发展，人的心智日渐进化，自然的本性也抛诸脑后。举止追求完美，待人讲究礼貌，饮食追求山珍海味，衣着注重华贵，装饰争奇斗艳，把人层层包装起来，就会失去披肝沥胆的真诚，失去厚道和质朴。社会也一样，大力提倡和表彰高尚的道德品质，恰恰说明这种品质的稀缺。如果大道行世，则无所谓仁，也无所谓义。无贪得之心，也就无争夺之心。人人衣食知足，各得其所，各得其乐，不受功名利禄诱惑，一切都自然而然。大道被废弃了，才有外在的仁义说教去规范人们的行为。

这也使得我们虽然离大道越来越远，却仍然生活在一个相同的境况当中。这是因为人为地制定了一些行为规范来加以约束，一些政令条文、奖惩制度、政策法规随即出现，使得我们在远离大道的时候不至于发生更大的混乱。当然，这些政策法规虽能在一定程度上缓解社会压力，但并不能从本质上解决问题。

废止大道的必然前提是有所作为的开始，有了作为也就有了好和坏的对立，对于好的、正确的我们加以褒扬、赞颂；而对于坏的、错误的我们大加鞭挞、惩治，从而确保人类社会在这种有所作为中保持相对的平衡和稳定。

古训有“知恩必报，投桃报李”，现代人看起来够完美，却很难做到。老子以其大智慧看到了人类社会的真、善、美、仁、义、德都无不向其反面走去。仁义如此，忠臣义士也是如此，忠臣义士多的另一面便是豺狼当道。历史上的忠臣，如岳飞、文天祥、史可法等，确实令人敬仰，他们对国家民族忠心耿耿，临危受命，连宝贵的生命都可以牺牲！然而，在这些可歌可泣的忠臣事迹背后，无不是社会混乱、奸臣当道、生灵涂炭的悲惨局面。一个忠臣的产生，往往反映一代老百姓的苦难。假如治国有道、永享太平盛世，社会上没有杀盗、淫掠之事，岂不是人人都是忠臣，又何必另外去标榜忠臣呢？

夏朝的最后一个皇帝是夏桀，他在位时荒淫无道，滥杀忠臣良将，致使政权岌岌可危。与此同时，夏朝的一个属国商国渐渐强大起来，国王成汤在相国伊尹的帮助下，对内修德政，发展军事力量；对外逐步征服周边小国，最终于公元前十一世纪灭掉桀王，建立了商朝。

伊尹本来是成汤推荐给桀王的，但桀王只同他谈了一次话，以后再也没有理会过他。成汤见桀王对伊尹不予重用，便请他到商国并拜他为相，授予国政。伊尹不负众望，帮助成汤发展农耕，铸造兵器，训练军队，终于灭了夏朝。成汤去世前，他把大权交给相国伊尹，嘱托他尽心辅佐自己的三个子孙。伊尹答应了他的要求。

成汤有三个子孙：外丙、中壬、太甲，是商朝很有作为的三个君王。但太甲在继位的前三年，并没有致力于天下大业，而是整日沉湎于酒色之中。伊尹曾以长者的身份劝告他，又以相国的权力威胁他，但太甲在治国为民上仍毫无心思。伊尹用尽各种方法想让太甲改过自新，以继承成汤的基业，创造商朝鼎盛局面，无奈太甲仍不以为然，冥顽不化。

一位大臣向伊尹劝道："当年先主在位时，你帮他灭掉夏国；先主仙逝，你又辅佐三位人主，已经报答了先主的知遇之恩。现在你既然无能为力，又何必强求呢？你不如带上金银财宝，找一个青山绿水的地方隐居下来，安享晚年！"

伊尹训斥那位大臣道："为人臣子，应当在国家危难时挺身而出，劝诫皇帝，这才是良臣。如果都像你所说的那样，在君主英明、太平盛世时，大臣们都在朝堂食俸禄；而一旦风起云变、国君不明事理时，便隐居起来，那要我们大臣来干什么呢？"

那位大臣听完，哑口无言，急忙向伊尹请罪。尽管如此，伊尹还是免了他的职，并当众公布他的口舌之罪，众人听后无不畏惧。

太甲也知道了这件事，并表示赞同。伊尹乘机又劝太甲，太甲仍是不听。伊尹无奈，只好将太甲关进南桐宫，责令他反省，他则亲自主持朝中事务整整三年。经过三年反省，太甲终于悔悟。伊尹又亲自把他接出来，将政权交还给他。

太甲重新登上皇位，励精图治，使商朝达到了鼎盛时期。对此，伊尹功不可没，他当了三十多年的商朝相国，为商朝的统治奠定了坚实的基础。

“国家昏乱，有忠臣。”这句话不能单纯地理解为国家混乱了才有忠臣，而应当理解为，在国家安定的情况下，人民富足、自由，有忠臣又有何用武之地呢？这就如同高明的统治者不被人们知道一样，忠臣在和平安定的时期是不会显山露水的，只有在国家出现混乱的危急关头才会挺身而出，拯救国家于危难之中。

第十九章　绝圣弃智

绝圣弃智[①]，民利百倍；绝仁弃义，民复孝慈；绝巧弃利，盗贼无有。此三者，以为文，不足[②]。故令有所属：见素抱朴[③]，少私寡欲，绝学[④]无忧。

①绝圣弃智：指不崇拜圣人，不迷信圣明。绝，杜绝。②此三者，以为文，不足：只用这三种德行来宣导教化人民，还是不够的。此三者，指圣智、仁义、巧利。③见素抱朴：坚持原有的自然本色。见，通“现”，显现。素，没有染色的丝。朴，没有雕琢的木。抱，保持。④绝学：指弃绝仁义圣智之学。

【译文】

去除圣贤的名位，不使用智巧治国，百姓就会获得百倍的利益。去除仁爱的虚名，抛弃信义的尊贵，人民就会回复孝慈的本性。大家去除投机取巧，抛弃自私自利，社会上自然没有人做盗贼。但是只用这三种德行来宣导教化人民，还是不够的。必须要有准则让大家有所遵从依归：保持纯洁质朴的本性；减少私心，降低欲望；抛弃圣智礼法的浮文，自然就没有忧虑了。

【智慧全解】

“绝圣弃智”，对这句话切莫产生误解。老子所谓“绝圣弃智”，并不是要杜绝和抛弃圣人的智慧，不要聪明和智慧。这里所指的“圣智”，是加双引号的巧伪“圣智”，老子对其所处的春秋时期社会的观察，鞭挞入里。他与孔子是同时代人，但比孔子的年纪要大得多。有人说：孔子作的中国第一部历史书籍《春秋》读不得，读了会使人奸诈狡猾。这一方面说明读者动机不纯，另一方面也反映春秋时代学说复杂多变，鱼龙混杂。比如看到某人讲的话，当初觉得非常有理，再从反面想想，又觉得反面才正确。春秋战国正处于社会剧烈变革和动荡的时代，也是诸子百家争鸣最热闹的时代，各种学说标新立异，人人均以圣贤标榜，个个都以雄才大略自居，他们不是把这些东西用来造福百姓，而是作为晋升谋利的工具。老子为此深深地感到痛苦和不满，提出“绝圣弃智”，就会“民利百倍”的主观。

没有圣贤，老百姓不会觉得自己低人一等；没有智慧，老百姓不担心自己会被人算计，做自己该做的事，忙自己该忙的活，日出而作，日落而息，“与天地合其德，与四时合其序”，所求必应，心想事成，这样一来，获利又岂止百倍？也就是说，如果将聪明才智用于服务人民，用于积善养德，那无疑是好的，应该大力提倡，但如果用到损人利已上，那是十分可怕的事情，还不如没有智慧。

在远古时期，人类和自然和谐相处，人类吃的、用的无不直接取自大自然，那时候人类的头脑不发达，不认为自己比别的动物聪明和高明，他们和动物为友、与植物为伴。然而，随着智慧的增长，人类开始自高自大起来，认为自己是万物的主宰，开始践踏蹂躏万物，露出了不可一世的丑恶嘴脸。而大自然是不吃人类这一套的，它以各种方式惩罚人类的“无知”，使人类为拥有智慧而付出代价。人类拥有智慧的另一个突出变化，便是人们不像过去那样和睦相处了，出现了高低贵贱之分，有了利益纷争，尔虞我诈、自相残杀。而这一切都是因为聪明智慧的出现及增长，导致人们欲望的膨胀，从而产生的虚伪的恶习。

因此，这个世界之所以有人提倡仁义，是因为大道式微，世风日下。仁义本是个好东西，人们互助互爱，互相关心，有什么不好呢？可就是因为它好，能够收买人心，有人便刻意标榜，一标榜便成了假仁假义。

第二十章　与众不同

唯之与阿[①]，相去几何？美之与恶[②]，相去若何？人之所畏，不可不畏。荒兮[③]，其未央[④]哉！众人熙熙[⑤]，如享太牢[⑥]，如春登台；我独泊[⑦]兮，其未兆[⑧]。沌沌兮[⑨]，如婴儿之未孩[⑩]；傫傫兮[⑪]，若无所归。众人皆有余，而我独若遗[⑫]，我愚人[⑬]之心，也哉！俗人昭昭[⑭]，我独昏昏[⑮]；俗人察察[⑯]，我独闷闷[⑰]。（澹兮其若海，飂兮若无止。[⑱]）众人皆有以，而我独顽且鄙[⑲]。我独异于人，而贵食母[⑳]。

①唯之与阿：唯，恭敬地答应。阿，怠慢地答应。唯的声音低，阿的声音高，这是区别尊贵与卑贱的用语。②美之与恶：恶作丑解。即美丑、善恶。③荒兮：广漠、遥远的样子。④未央：没有尽头。⑤熙熙：熙，和乐，用以形容纵情奔欲、兴高采烈的情状。⑥享太牢：参加庙会。太牢，古代帝王祭祀社稷时，牛、羊、豕（猪）三牲全备为“太牢”。⑦泊：淡泊、恬静。⑧未兆：没有征兆，没有预感和迹象，形容无动于衷、不炫耀自己。⑨沌沌兮：混沌，不清楚。⑩孩：同“咳”，形容婴儿的笑声。⑪傫傫（lěi）兮：疲倦闲散的样子。⑫遗：不足、匮乏。⑬愚人：纯朴、直率的状态。⑭昭昭：聪明光耀的样子。⑮昏昏：愚钝暗昧

的样子。⑯察察：严厉苛刻的样子。⑰闷闷：纯朴诚实的样子。⑱一说此句与文义不合，疑为错简，应移至十五章。⑲顽且鄙：形容愚陋、笨拙。⑳贵食母：就喜欢这样乳臭未干，稚气未脱。母，比喻万物根源的道。道是生育天地万物之母。

【译文】

唯诺和呵斥，相距有多远？美好和丑恶，又相差多少？人们所畏惧的，我不可能不畏惧。从远古以来就是如此，好像没有尽头的样子。众人都高高兴兴，好像去参加盛大的宴席，又好像春天登台眺望美景。唯独我淡泊宁静，无动于衷，就像婴儿还不会发出嘻笑声。心有牵挂啊，好像浪子找不到归宿！众人都富足有余，而我却好像有所遗失。我这愚人的心灵啊，混沌无知啊！众人都那么清醒明白，唯独我一人迷迷糊糊。众人都那么精明审察，唯独我一人思绪纷乱、忧愁。（恍惚啊，像大海汹涌；恍惚啊，漂泊无处停留。）众人都有作为，唯独我愚顽且鄙俗。我唯独与人不同的，只在于得到了道。

【智慧全解】

美好和丑恶能有多大的距离呢？仅有一念之差罢了。美和丑在常人看来是一对相对存在的概念，人们普遍偏爱美好的事物，而讨厌丑恶的事物。在这种心理的驱使下，人们往往不惜一切代价去追求美好的事物，当追求得到满足时就欣喜若狂，而一旦无法实现自己的愿望便闷闷不乐，烦恼和忧伤等坏情绪接踵而至。得道之人却不同，他们心目中没有美和丑的区别，一切顺应自然，绝不刻意追求什么，因此也就无所谓得和失，也就不会有痛苦和烦恼了。一个人整日闷闷不乐，不但是一种最残酷的自我折磨，而且会影响别人的心情。带着忧愁和烦恼生活的人，其人生质量会大打折扣，更不会有什么人格魅力，试想这样的人生还有什么乐趣可言？

老子认为，善恶、美丑、贵贱、是非，都是相对形成的，人们对于事物的判断，经常随着时代的不同而变换，随着环境的差异而更改。世俗的价值判断极为混淆，众人所戒忌的，也正是自己不必触犯的。在这里，老子说了一些牢骚话，使人感到有些愤世嫉俗的意味，但其中也不乏深刻的哲理。他在价值观上，在生活态度上，不同于那些世俗之人：他们熙熙攘攘，纵情于声色货利，而老子自己则甘愿清贫淡泊，并且显示出自己与众人的疏离和相异之处。

他将自己与众人作了极其鲜明的对比，当众人都沉浸于春天般的美景、享用着丰盛的大餐时，他却独自甘于寂寞，怀着无比淡泊宁静的心境，就如同刚出生的婴孩般处于无为状态。众人借助外在的事物（美景、美食）而乐，一旦外在的事物消失了，他们的快乐也就不存在了。得道之人明白外在境界转瞬即逝，并非本质，所以他们要保持淡泊恬静的心态。

在我国历史上，如老子一般拥有做人节操者不乏其人。

晋代陶渊明在彭泽做县令时，官俸并不高，而且陶渊明既不会搜刮百姓，也不会贪污受贿，日子虽然过得很紧张，但他觉得留在一个小县城里，没有什么官场应酬，也还比较自在。

有一天，郡里派了一名督邮到彭泽来检查工作。县里的小吏听到这个消息，连忙跑来向陶渊明报告。当时陶渊明正在内室捻着胡子吟诗，一听到来了督邮，万分扫兴，但是又没办法，只好勉强放下诗卷，准备跟小吏一起去见督邮。小吏一看他身上穿的还是便服，吃了一惊，说：“督邮来了，您该换上官服，束上带子去拜见才好，怎么能随随便便穿着便服去呢？”

陶渊明本来就看不惯那些依官仗势、作威作福的督邮，现在听小吏说还要穿上官服行拜见礼，更不愿受这种屈辱。他叹了口气说：“我可不愿为了这五斗米官俸，去向那小儿打躬作揖。”说完，他也懒得见督邮了，索性把身上的官印解下来交给小吏，辞职不干了。陶渊明回到老家以后，觉得整个社会乱糟糟的局势跟自己的志趣、理想相差太远了。从那以后，他就隐居起来，过着逍遥自在的日子，闲时就写诗歌、文章来寄托自己的心情。

君子立身处世，富贵不能淫，贫贱不能移，威武不能屈。这是封建社会中理想的做人准则，然而，这并非常人可以做到的。相反，贵而忘贱，得志便猖狂，恣意妄为的人反倒不少，但他们最终大多身败名裂。从这一点看，陶渊明可谓是深知立身之道的智者。

第二十一章　唯道是从

孔德之容①，惟道是从②。道之为物，惟恍惟惚③。惚兮恍兮，其中有象④；恍兮惚兮，其中有物。窈兮冥兮⑤，其中有精⑥；其精甚真，其中有信。自今及古，其名不去，以阅众甫⑦。吾何以知众甫之然哉？以此⑧。

①孔德之容：大德的形态。孔，甚、大。德，“道”的显现和作用为“德”。容，运作、形态。②惟道是从：对自然的遵从。道：指大自然。③恍惚：飘忽不定的样子。④象：形象、物象。⑤窈：深远，微不可见。冥：暗昧，深不可测。⑥精：最细微的物质性的实体。微小中之最微小。⑦众甫：万物的初始。甫，通“父”，引申为事物之原始。⑧此：指道。

【译文】

大德者唯一服从的是大道。道这个东西，恍恍惚惚似有若无。模糊不清隐约不明，但其中却有万物的形象；隐约不明模糊不清，但其中却有实物的气质。它是那样的深远暗昧啊，其中却有事物的本质；这事物的本质很真实，其中包含可以相信的内容。从远古到现在，它的名字永远不会消失，依据它才能观察万物的初始。我凭什么能知道万事万物开始的情况呢？就是根据道。

【智慧全解】

《道德经》是由“道经”和“德经”两部分组合而成的，老子在这部书中不仅讲道，也讲德。“德”在这一章中第一次被提出。

关于道与德的关系问题，老子的意见是：道是无形的，它必须作用于物，透过物的媒介，而得以显现它的功能。这里，道的所显现于物的功能，老子把它称为德。道产生了万事万物，而且内在于万事万物，在一切事物中表现它的属性，也就是表现了它的德，在人生现实问题上，道体现为德。

自然多变，时而刮风，时而下雨；水也多变，从来都没有固定的形状，放进什么样的容器，就是什么样的形状。道也是如此多变。道就在玻璃杯中盛着，只不过就像一满杯水，从远处透过杯子，一般人看不出有水的存在。一旦打碎杯子，我们看到的只有水。那么，道又去哪里了呢？我们依然无从知晓。然而，这水就是道的体现，就是道的载体，它虽然有形却无形，虽然有质却无边。它流到哪里，哪里就是道；它流成何形，就是何状。如果说水体现了道在世上的体现，那么，德就是道在我们人类身上的表露。所以说，道是德的根本，德是道的显现。

我们知道，水在地上流动是随着地形的变化，不断变化着向下流淌的。那么，德就是唯道的命令是从，它只跟随在道的左右，永不叛变。大道无言无为，所以大德的表现方式也是无言无为的。

对我们来说，外在环境是时刻变化着的，人不可能改变环境，而只能被环境所改变。人只有很好地适应环境，跟随环境的变化而变化，才算是真正把握住了道。所谓“识时务者为俊杰”，就是这么一个道理。刘邦打天下时，韩信的功劳不可谓不大，然而，由于他完全把道抛在脑后，最终惨死在吕后之手。

公元前203年，韩信接连攻下齐国七十二座城池。于是，手握重兵，雄霸一方的他开始飘飘然。这时，刘邦正被项羽困在荥泽，等着韩信出兵相救，韩信却要求刘邦封他为“假齐王”，也就是代理齐王。

胡纪，异姓王多待见，且刘邦等封王者有之。刘邦听到这个消息后，愤怒地大骂：“我被人围困在此，他却让我封他为假齐王！”这时张良给他使了一个眼色，又在桌子底下踹了他一脚，刘邦马上醒悟过来，顺势改口说：“大丈夫建功立业，要做就做真王，哪有做假王的？”

就这样，韩信要挟成功，如愿以偿地当上了假齐王，但同时也失去了刘邦对他的信任，二人的关系开始逐步恶化。刘邦本是无赖出身，打天下的时候可以不计较小事，坐拥江山之后，睚眦必报的嘴脸就显露出来了。他先是削了韩信的兵权，接着又把韩信从楚王贬成淮阴侯，最后又授权吕后以谋反罪名将其杀害。

韩信的遭遇，刚好验证了老子的那句话：“揣而锐之，不可长保。”我们只有善于改变自己适应形势，才能长久地在生活的浪尖上体验激流。世事多变，适者生存，终其言，难离一个“道”字。

第二十二章　委曲求全

曲则全，枉①则直，洼则盈，敝②则新，少则得，多则惑。是以圣人抱一③为天下式④。不自见⑤，故明⑥；不自是，故彰；不自伐⑦，故有功；不自矜，故长。夫唯不争，故天下莫能与之争。古之所谓“曲则全”者，岂虚言哉！诚全而归之。

①枉：屈、弯曲。②敝：凋敝。③抱一：意为守道。抱，守。一，即道。④式：法式、范式。⑤见（xiàn）：通“现”，显现，从无为无名到有为有名就是行为者的“现”，相对于“道隐无名”的“隐”而言。⑥明：彰明。⑦伐：夸。

【译文】

委曲便会保全，屈枉便会直伸，低洼便会充盈，陈旧便会更新，少取便会获得，贪多便会迷惑。所以有道的人坚守这一原则作为天下事理的范式。不自我表扬，反能显明；不自以为是，反能是非彰明；不自我夸耀，反能见功劳；不自高自大，所以才能长久。正因为不与世人争，所以遍天下没有人能与他争。古时所谓“委曲便会保全”的话，怎么会是空话呢？确实能够达到顺应自然而为。

【智慧全解】

“曲则全，枉则直，洼则盈，敝则新，少则得，多则惑。”这六个词分别指代六种完全不同的事物，共同反映了一个道理，那就是委曲求全。对于人类而言，这是一种低姿态的生活态度。对于除人以外的诸多生物而言，委曲求全确实能保全自己，以免受外来的伤害，这在一定程度上可以将其界定为一种大智慧。

得道之人最明白这个道理，他们永远处在曲和枉的境界里，所以就无为地得到了“全”和“直”，也就无所谓“曲”和“全”、“直”和“枉”了。他们从来不与人进行残酷的你争我夺，始终与大道合为一体。万物皆源于大道，和大道同体的人岂不是拥有了宇宙万物，还有什么可争夺的呢？得道之人不与人争，也就没有得；没有得，也就没有失。没有得失也就无所谓患得患失，没有患得患失也就没有痛苦的折磨。没有痛苦才是美好的人生，这是不与人争夺的结果。

战国时期赵国的名相蔺相如就是这样一个深明“不争”之理的人。

蔺相如出身低微，本来只是赵国宦官缪贤门下的一个食客，因为他机智勇武和有远见，得到了缪贤的赏识。缪贤把他推荐给赵王之后，他先是“完璧归赵”，后来又在渑池之会上为赵国保全了颜面，没有让秦王占到任何便宜。赵王因此对他愈加器重，拜他为上卿，地位在大将军廉颇之上。

廉颇是当时赵国的第一名将，其威名之盛。廉颇的地位是通过一件件实实在在的战功积累而起的，他见蔺相如只靠耍嘴皮子就爬到了自己头上，心理很不平衡。有道是：人争一口气，佛争一柱香。廉颇开始放言：“我是赵国名将，攻城拔寨，立过多少汗马功劳？蔺相如只会逞口舌之利，凭什么官做得比我还大？而且他出身贫贱，与他同处一朝，简直是我的耻辱。”

事情很快传到蔺相如耳中，他开始装病不去上朝。可是，他们同住在一个城里，又都是赵王手下的红人，低头不见抬头见，两人想一直不碰面是不可能的。有一天，蔺相如带着门客坐车出门，正巧在路上遇到廉颇的车马迎面而来。蔺相如马上让手下退到小巷之中暂避一时，让廉颇的车马先过去。

蔺相如手下的门客都反对他这么做，对他说："我们跟随您是因为听说您是君子，可是现在您这样胆小怕事，连我们都觉得太丢面子。"蔺相如对他们说："你们看廉颇将军跟秦王比，哪一个势力大？"门客们说："当然是秦王势力大。"蔺相如说："以秦王之威，我尚且敢于与他对抗，当众侮辱他的群臣，又怎么会见了廉颇将军反倒害怕了呢？西秦不敢来侵犯赵国，就是因为有我和廉颇将军两人在。要是我们两人闹不和，秦国知道了，定会趁机来侵犯赵国。"

廉颇知道之后，十分惭愧，于是袒露上身，背着藤条到蔺相如家中负荆请罪。

蔺相如此举，正所谓不战而屈人之兵，凭借的就是老子的"不争"哲学。自己先受些小委屈，不但暂时保全了自己，还能起到以"不争"为"争"的效果。委屈过后，收获的就是更多的敬服。

委曲求全是一条极具智慧的处世方略，这是解悟大道之人的行为，也可以说是真正的大德。"不争"是要暂时委屈自己的，很多人不懂得"不争"的道理，就是因为没有长远的目光，不愿意以眼前的损失换取日后的长远利益。殊不知，弓拉得越弯，箭才能射得越远。

第二十三章　胜在守诺

希言①自然。故飘风②不终朝，骤雨③不终日。孰为此者？天地。天地尚不能久，而况人乎？故从事于道者④，同于道；德者，同于德；失者，同于失⑤。同于道者，道亦乐得之；同于德者，德亦乐得之；同于失者，失亦乐得之。（信不足焉，有不信焉。⑥）

①希言：少说话。此处指统治者少施加政令、不扰民。②飘风：狂风。③骤雨：暴雨。④从事于道者：按道办事的人。此处指统治者按道施政。⑤失：指失道或失德。⑥一说此句已出现在第十七章，此处为错简重出，当删。

【译文】

不言政令不扰民是合乎自然的。狂风刮不了一个早晨，暴雨下不了一整天。谁使它这样的呢？天地。天地的自然现象尚且不能长久，更何况是人呢？所以，按照大道做事的人就与道相同，按照大德做事的人就与德相同，不按照道和德做事的人就失去了道和德。与道相同的人，道也高兴和他在一起。与德同路的人，德也愿意和他相处。失去道和德的人，道和德也乐于失去他。（统治者的诚信不足，百姓自然不会相信他。）

【智慧全解】

对于统治者而言，少发号施令是合乎自然规律的。为什么这么说呢？自然界的狂风都刮不了一个早晨，暴雨也下不了一整天，这是因为自然界的万事万物都是相对平衡的：疾生疾灭、迟生迟灭、有生有灭、无生无灭……

老子在这一章里论述了统治者实施不言之教的重要意义，并通过自然界的变化来说明问题，比喻贴切，具有很强的说服力。他通过人们都熟悉的自然现象来阐释遵循自然规律的大道和大德，人类只有合乎自然法则才能长久。具体而言，就是少做而合乎自然，合乎自然也就是按照大道和大德来行事。按照大道来行事的人，大道也乐于靠近他，愿意与他和谐相处；按照大德行事的人，大德也乐于帮助他，愿意和他永远在一起；而不合乎道德的人，道德自然远离他，最后什么好处也得不到。

天地在人们的眼里是神秘莫测的，而且蕴涵着巨大的力量。但即使蕴藏着巨大力量的天地，也必须遵循自然的道德规律，人类无法和天地相比，天地的巨大都无力对抗道，更何况渺小的人类呢？我们只有不违背自然规律，做到合道合德，才能和大道大德融为一体，并从中获得无限的益处；相反，如果我们违背大道大德，不但得不到益处，还会受到大道大德的遗弃，遭遇痛苦和灾祸。

老子很智慧，在两千多年前就注意到了信用的问题，而且还研究了信用对社会关系的影响。在这一章老子提出了一个“信用”“诚信”问题。不仅仅是普通人，统治者也必需是一个有信用的人。

对于“刘备借荆州——有借无还”这句话背后的故事，相信很多人都知道。但少有人从信用角度去理解。东汉末期，刘备装模作样地立了字据，借了应该是属于孙权的荆州城，孙权派鲁肃去讨还荆州，刘备又是哭穷又是装可怜，根本不想归还。《三国演义》中极力美化刘备，所以很多人只注意到鲁肃被诸葛亮戏耍时的愚蠢可笑。其实站在公正的角度上看，刘备的做法是在欺骗别人，违背了一个“信”字。那么，刘备这么做的后果是什么呢？有句俗话就道出了这件事的结局——大意失荆州。荆州一直都是关羽在镇守，东吴也一直没有放弃夺取这座城的念头。从周瑜到鲁肃，到吕蒙，再到陆逊，四个东吴智囊费了很大周折才把荆州夺回来，他们用的办法也是欺骗。

陆逊先和关羽讲和，派使者给他送礼，而且说了一大堆仰慕的话，稳住了关羽，也麻痹了关羽。正当关羽以为荆州万无一失，自己可以放心地出去打仗时，吕蒙白衣渡江，偷袭了荆州。这件事情引起了谁都没有想到的连锁反应，就因为刘备当初的一个谎言，先是关羽败走麦城被杀，紧接着张飞也被杀，刘备一心想讨伐东吴，结果他的部队被陆逊一把大火烧了个精光，刘备本人也被气死在白帝城。

这就是不讲信用的后果，这次你对我不讲信用，你得到了好处；下次我也对你不讲信用，再把你得到的好处抢回来，如此不就陷入恶性循环了吗？所以老子说的“信不足焉，有不信焉”，是一句很让人深思警醒的话。

讲信用还是有很多好处的，这也符合老子在人际交往方面的思想，对人要讲信用与善待别人、成人之美等本质是一样的，都是在创造和谐。实际上，在这个人与人交往越来越密切的社会，讲信用已经成为一个人的立身之本。你是否讲信用，在很大程度上决定着你的社会关系的好坏，以及你能否成功。比如，经常上网购物的人都会十分注意卖家的信誉，决定买东西之前肯定会查看一下卖家的信誉等级，如果卖家信誉等级不高，肯定没有多少人会买他的东西。

现代社会，人们一直致力于建立和完善信誉制度，这说明信用在社会交往中的地位已经越来越重要，也越来越被人重视了。我们现在再看老子的话，就会明白这个道理，无论什么时候，讲信用都是维持良好人际关系的基础。

第二十四章　自是不彰

企[①]者不立，跨[②]者不行。自见者，不明；自是者，不彰[③]；自伐者，无功；自矜者，不长。其在道[④]也，曰："余食赘行[⑤]，物或恶之[⑥]。"故有道者不处。

①企：踮起脚跟。②跨：阔步而行。③彰：彰显。④其在道：站在"道"的角度来说。⑤余食赘行：多余的粮食和行为。⑥物或恶之：意为人所厌恶、憎恶的东西。物，指人。

【译文】

踮起脚跟用脚尖站立，是站不稳的，大跨步前行，是走不远的。经常自我表现的人不能显闻。自以为是的人辨不清是非。自我夸耀的人显不出功劳。骄傲自大的人必定无法长久。站在"道"的角度来说，这些行为及心态都是多余无用的。普通人都感到厌恶，所以有道之人是不会这样做的。

【智慧全解】

"企者不立。跨者不行。"这两句话比喻违反自然的行为。踮起脚尖想站高一点，结果反而站不稳；跨大步跳跃式前进也一样，必然事与愿违，不但不能远行，而且容易摔倒。

有一则寓言，说宋国有一个农夫看到别人地里的庄稼长得很好，自己地里的苗儿却长不高，就跑到地里，把每株苗都拔高些。尽管他累得满头大汗，但看到自己拔起的苗长得高高的，心里不禁甜滋滋的。回到家里，他洋洋得意地对家人说："今天我算是累坏了，帮助禾苗长高了。"他儿子心里很纳闷，问他是怎么帮助禾苗生长的？他得意地说："你不信到地里去看看。"他儿子跑到地里一看，禾苗全都枯萎了。这就是"揠苗助长"，违反常道的笑话。

老子用极其精练的语言，向人们阐释了人的主观意志和客观规律之间存在的矛盾，进一步表明了自己的观点：人只有按照客观规律办事，遵循自然大道，才能收到良好的效果，才能不使行为和结果过于偏离、过于对立，矛盾过于尖锐。

不过，这其中仍然贯穿着以退为进和委曲求全的处世哲学。做人不能太虚荣、太张扬、太妄自尊大。在当今社会，人们变得越来越浮躁，虚荣心日增，因而，如何才能身处闹市而抛却浮华，做一个大道大德之人，这是很多人都关心的问题，但却没有人能给出一个切实可行的答案。

自以为是永远是人性的致命弱点。自以为是、妄自尊大的人总认为"我天下第一"，普天之下，舍我其谁，结果往往在关键时刻葬送大好的局面。在这方面，吴王夫差就是一个典型的代表人物。

春秋时期，在吴越争霸战中，吴王夫差打败了越王勾践，迫使勾践投降，并把勾践带到吴国做了三年马夫。夫差认为，越国已经不堪一击，勾践对自己俯首听命，越国的财产被源源不断地输往吴国，吴国空前强大，自己已经具备了争霸天下的实力，准备举兵北上，与齐、晋等中原大国争霸。但相国伍子胥认为，吴国最大的敌人不是齐、晋，而是越国，尤其是勾践回国后，励精图治，卧薪尝胆，国力大增，已经成为吴国的心腹大患。加上越国和吴国是世代仇敌，积怨很深，虽然两国风俗相似，语言相通，却不可能和平共处，所以，在北上中原争霸之前，必须先解除越国的威胁。他痛切地说："越国乃吴国心腹之患，齐国不过是胳膊上的一点小伤，大王不去医治心腹之疾，反而容不下胳膊上的那点小伤，这样做，吴国离亡国的日子就不远了。”然而，夫差不听劝诫，他认为越国已经投降，勾践在吴国服役时甘愿为自己尝粪辨病，足见其忠诚之至，因此，他执意北上伐齐。

夫差开启了他与中原大国的争霸战争，伍子胥一次次地劝他暂停争霸，先灭掉越国，把越国变成巩固的大后方和后勤补给基地，再与齐、晋争霸。这本来是切实可行的战略计划，但刚愎自用的夫差听不进任何意见，他很反感伍子胥不厌其烦的“唠叨”，迫令伍子胥自杀。后来，夫差虽然打败了齐国，威慑了晋国，但国力消耗巨大。正当他与中原各国诸侯在黄池举行会盟，确立自己的霸主地位时，国内传来了越国兵围吴国都城姑苏的消息。夫差气急败坏，杀死了前来报信的使者。然而，灭国的命运已经不可逆转，三年后，勾践灭掉了吴国。

其实，真正聪明的人应该是一个很谦虚的人，他不会把自己的见解当做行事的准则，不自以为是，不偏信，不偏听，而是集思广益，集群体智慧办大事。

自以为是的人，身边往往小人云集，阿谀奉承，比如夫差身边的太宰嚭就是一个这样的奸邪小人。小人们如果围绕在君王的身边，足以让明君失去对是非善恶的辨别能力，以致变成昏君。因此，为了避免这种现象的发生，古代君王在制定礼服时很有讲究。他们的帽子上有十二根旒，刚好能挡住君主的眼睛；他们的帽带上还有一颗珠子，叫做“充”，刚好能遮住君主的耳朵。装饰这两件东西的寓意在于提醒君主，不能偏听偏信，要多听群臣的意见，听得进去的要听，听不进去的也要听，这才符合治国之道。

因此，千万不要自以为自己了不得，不管你有多大的能耐，都不要自以为是。既然蚂蚁可以溃决千里大堤，蚊子可以让狮子缴械投降，我们又有什么理由自以为是，看不起那些看似不如自己的人呢？

第二十五章　道法自然

有物混成[①]，先天地生。寂兮寥兮[②]，独立而不改[③]，周行而不殆[④]，可以为天地母[⑤]。吾不知其名，强字[⑥]之曰道，强为之名曰大[⑦]。大曰逝[⑧]，逝曰远，远曰反[⑨]。故道大，天大，地大，人亦大[⑩]。域中[⑪]有四大，而人居其一焉。人法地，地法天，天法道，道法自然。

①有物混成：有一个东西浑然天成。物，指“道”。混成，浑然天成。混，通“浑”。②寂兮寥兮：没有声音，没有形体。③独立而不改：不依靠任何外力而独立长存永不停息。形容“道”的独立性和永恒性。④周行而不殆：循环运行而永不衰竭。周行，循环运行。不殆，不息。⑤母：万物之根本。⑥强字：勉强命名。⑦大：形容“道”是无边无际、力量无穷的。⑧逝：指道的运行周流不息。⑨反：通“返”，循环往复，指斗转星移往复无限。⑩人亦大：人乃万物之灵，与天地并立而为三才，即天大、地大、人亦大。⑪域中：即空间之中，宇宙之间。

【译文】

有一个东西浑然天成，在天地形成以前就已经存在。它没有声音，没有形体，寂静而空虚，不依靠任何外力而独立长存永不停息，循环运行而永不衰竭，可以作为万物的根本。我不知道它的名字，所以勉强把它叫做“道”，再勉强给它起个名字叫做“大”。它广大无边而运行不息，运行不息而伸展遥远，伸展遥远而又返回本原。所以说道大，天大，地大，人也大。宇宙中有四大，而人居其中之一。人取法于地，地取法于天，天取法于道，而道取法于自然。

【智慧全解】

这一章可以说是道家思想的理论重心。老子提出“道”、“人”、“天”、“地”这四个存在，“道”是第一位的，它不会随着变动运转而消失。我们将一杯水洒到地上，水会顺势而流，当流到极限时它就不能再流了，于是停止，然后蒸发，直到消失得无影无踪。而大道不同，它永远也不会枯竭，其中最主要的原因是大道能返回到它的原始状态，从而保留自己的实力，从而周而复始地运行。

因为道“大”，所以道生出的天大，地也大。人是万物之灵长，有自己的思想和意志，只有人能认识到大道的存在，所以可以称得上大。老子将存在于茫茫宇宙间拥有巨大能量的四种事物作了排序，它们的顺序为：道大、天大、地大、人大。天有天道，地有地道，人有人道，天地人合为一体，又统一于自然之道。自然就是自然而然，是天然的，没有人为的成分。人为则违背了自然之道，含有强作妄为的意思。自然是与人为相对的。

河神弄不清楚什么是自然，什么是人为，便跑去问北海神：“请问什么是自然？什么是人为？”北海神说：“牛马生下来四只脚，这就叫自然。用马笼头套住马头，用缰绳穿过牛鼻，又在马脚上钉上铁蹄，这就叫人为。不要用人为去毁坏自然，不要用人情世故去破坏天性，不要因贪得名誉而牺牲自身。谨守这些道理而不遗失，这样就可以回复到本来的天性。”

现代文明的发展使人们样样都推崇人为。我们把湖泊改成农田，把森林砍成光山秃岭。我们杀死一类动物，又培育出另一类动物。我们把这张天生的脸改造成另一张脸，我们把男人变成女人，又把女人改成男人。人为使得我们在所谓的征服、改造自然的同时，也毁灭了自然，造成了生态平衡的破坏，大气污染，沙尘暴，臭氧层的破坏，温室效应，人类整体免疫力低下，爱滋病、非典型肺炎、甲型H1N1流感等恶性病的大量产生。

人本身即是自然的一分子，与其征服自然，不如顺应自然。自然境界是老子推崇的最高境界，而要达到“自然”就必须做到“无为”，因为人为必定破坏自然。事实上，自然即无为，“自然无为”往往是连在一起的。停止一切人为的造作和努力，无为就自然而然地显现了。

世界著名建筑大师格罗培斯在迪斯尼乐园即将开放的时候，对于园内各景点之间的路该怎样连接，一时还拿不出具体方案，为此他十分着急焦躁。一天，他开着车子在法国南部的乡间公路上奔驰，沿路漫山遍野都是葡萄园。当他的车子拐入一个小山谷时，他看到了一个无人看管的葡萄园。那里立着一块牌子，牌子上写着：你只要在路边的箱子里投入8个法郎，就可以采摘一篮葡萄上路。

这是当地一位老太太的葡萄园，她因为没有精力料理它，所以想出了这个办法。没想到这样一来，绵延上百里的葡萄园中，总是她的葡萄最先卖完。

这种给人自由、任君选择的做法，使格罗培斯深受启发。回到住地，他立即给施工部拍了份电报：撒上草种，提前开放。在迪斯尼乐园提前开放的半年多中，草地上被踩出了许多小道。这些被人踩出的小道有宽有窄，优雅自然。第二年，格罗培斯让人按这些踩出的痕迹铺设了人行道。结果，这些道路成为经典的最佳设计方案，因为它完全是顺其自然的！

事实上，“人生如寄，万事天定”，无论成败得失，祸福荣辱，一切自有定数。与其在那儿百般思虑，千般计较，倒不如彻底放下，随顺自然。只有这样，我们才不会有烦恼和痛苦，才能过得逍遥自在，无所为而无所不为！

第二十六章　轻则失根

重为轻根，静为躁君[1]。是以君子终日行不离辎重[2]。虽有荣观[3]，燕处[4]超然。奈何万乘之主[5]而以身轻[6]天下？轻则失根，躁则失君。

①静为躁君：静定是躁动的主宰。躁，急躁、躁动。君，主宰。②辎重：四面有屏蔽的车。③荣观：贵族游玩的地方。指华丽的生活。④燕处：安然处之。燕，安。⑤万乘之主：指大国的国君。乘，四匹马拉的车。⑥轻：轻率、轻浮。

【译文】

厚重是轻率的根本，静定是躁动的主宰。因此君子终日行走，不离开四面屏蔽的车辆，虽然有华丽的生活，却能安然处之。为什么大国的君主，还要轻率躁动以治天下？轻率就会失去根本，浮躁就会丧失主宰。

【智慧全解】

世界上的一切事物都是相对的、相辅相成的，如果没有相对，也就没有世界了。老子一开始就举出了两种矛盾的现象：轻与重、动与静。

在轻和重的关系上，老子认为：重是轻的根本，轻是由重决定的，如果只注重轻而忽略重，就会失去根本。正是因为有了重，轻才得以存在和维系。我们可以设想地球没有重力会是怎样的一种情景：我们无法站稳脚跟，无法进食，生命的延续不再可能，那是十分可怕的事情。

老子认为，在动和静这一对矛盾中，静是根本，动是其次。在这里，静可引申为清静，动可引申为躁动不安。我们知道躁动是人格缺陷所映射出来的不良行为举止，是成功的大敌，这种举止在很大程度上反映了我们违道而行带来的后患，不顺应自然大道必然受到惩治。

三国时关羽败走麦城，为东吴所杀；刘备感情用事，兴兵伐吴，结果导致兵败，蜀国由此开始走下坡路。

刘备兴兵伐吴，首先违背了诸葛亮“联吴抗魏，三分天下”的战略，将军赵云首先反对，他说：“当前我们主要的敌人是曹操，不是孙权。如果我们灭掉了魏，吴自然会来顺服。现在曹操刚死，曹丕篡夺了帝位，我们正好利用这个有利时机，团结大家，趁早占领关中，控制黄河、渭水的上游，讨伐曹魏。这样名正言顺，我们一定会得到关东人民的响应。我们不应该把曹魏搁在一边，先同东吴交战。战火一经点燃，就会蔓延下去，很难收拾，这不是上策。”但是，刘备听不进去。

孙权也不愿意再扩大两国的纠纷，两次派遣使者去求和，但都被刘备拒绝了。

东吴的南郡太守诸葛瑾写信给刘备，信里明确指出：“从君臣的关系上讲，您应该亲关羽呢，还是更应亲先帝（汉朝末代皇帝汉献帝）？从地域上讲，是荆州大呢，还是整个中国大？魏和吴都是您的敌国，但您应该先对付哪一个？请您仔细考虑一下。”

刘备不听任何人的劝阻，举大兵伐吴，结果一败涂地，这一战使蜀国元气大伤，诸葛亮统一天下的大计也成了梦想，刘备在战败不久后病死在白帝城。

“将不可愠而致战。”刘备伐吴时，蜀军在吴营前叫骂挑战，吴将气得浑身发抖，纷纷请求出兵攻打蜀军，陆逊坚决不答应。他对诸将解释说：“刘备天下闻名，曹操活着的时候还对他有所顾忌，这次他亲自率领大军进攻东吴，连打了十几场胜仗，深入我国国土五六百里，锐气正盛。现在他列阵在平原广野之间，正是得志的时候。很明显，他是要引诱我军出战，然后一鼓作气歼之。因此，我们必须镇定，不能轻易出击，等到蜀军求战不得，斗志消沉，我们再进攻，一定能取胜。”同时，他还指出：“刘备非常狡猾，诡计多端，绝不会只叫一支军队出城，它的后面必有埋伏。”

刘备见吴兵迟迟不出来迎战，知道自己的计划破产了，于是把隐藏在山谷中的军队都调了出来，这时众将才对陆逊心服口服。

“清静无为”是万事万物的本性。清静的人，求学问是与日俱进，临阵指挥千军万马则无往而不胜。有些人以为将领只要勇敢无畏，清静只是学者书生所必须具备的德行，其实这是一种误解。对敌我形势的正确判断，最要紧的是头脑清静，勇敢无畏。容易冲动的人只宜当士兵，当统帅必定经常误事。战场上的形势瞬息万变，如果将领不能保持镇定的头脑调兵遣将，必定自陷绝境，导致全军覆没。

刘备的失败，正是典型的“轻则失根，躁则失君”的实例。

了解自然大道的人，从来不轻举妄动，而是慎重考虑后再行动，决不会表现出轻率、焦躁的样子，是以得道的人顺应天道，而不恣意妄为。他们虽然有可供享受的华丽的亭台楼阁，但他们身居其中，却怡然自得，超然对待安逸的环境，而不是心气浮躁，沉迷其中。

老子为此忠告我们，不论做任何事，处在任何环境之中，都要沉稳冷静，从容不迫，千万不可心浮气躁，急切慌乱。那样不但解决不了问题，反而会使问题更加复杂。我们每个人都应该拥有这样的品德，拥有顺其自然的心境，才能成就一生的事业，生活得安详自在。

重为轻根，静为躁君。是以君子终日不离辎重。虽有荣观，燕处超然。奈何万乘之主而以身轻天下？轻则失根，躁则失君。

第二十七章　知人善用

善行，无辙迹①；善言，无瑕谪②；善数，不用筹策③；善闭，无关楗④而不可开；善结，无绳约⑤而不可解。是以圣人常善救人⑥，故无弃人；常善救物，故无弃物。是谓袭明⑦。故善人者不善人之师，不善人者善人之资。不贵其师，不爱其资⑧，虽智大迷⑨，是谓要妙⑩。

①辙迹：轨迹，行车时车轮留下的痕迹。②瑕谪（zhé）：瑕疵、过失。③筹策：竹码子，古时计算用具。④关楗（jiàn）：栓销，关闭门户用的横木或木闩。⑤绳约：绳索。约，指用绳捆物。⑥救人：发掘人才。⑦袭明：内藏智慧聪明。⑧资：取资、借鉴。⑨大迷：绕不过弯的地方。⑩要妙：精要玄妙。

【译文】

善于行车的人，不会留下车痕；善于言谈的人，不会留下漏洞让人指责；善于计数的人，不用借助计算工具。善于封闭的人，不用栓销却叫人无法打开；善于捆缚的人，不用绳索却没人能解得开。因此圣人总是善于发现和使用人，所以没有被遗弃的人；圣人总是善于物尽其用，所以没有被废弃的物品。这就叫做内藏着的聪明智慧。所以有才能的人，可以作为没有能力的人的老师；没有能力、不善于做事的人，也可以供有能力的人借鉴。不尊重自己的老师，不注意别人的借鉴作用，看起来明智，其实是大大的糊涂。这实在是精深微妙的道理。

【智慧全解】

这一章老子沿着道的理论，进一步提出人们应该怎样展开自己的行动，他提出了“五善”，即善行、善言、善数、善闭、善结，这五善是合乎大道的，人们只有达到五善的境界，才能行动自如，如同庖丁解牛一般。

老子认为，高明的人处世，不管善与不善，都会平等地对待别人。大道空虚，包容一切，它对天地万物没有差别心，是善是恶都没有分别，它心中自有一把尺子，从来不强求天地万物怎么样。所谓“物竞天择，适者生存”，天地万物适合它那把尺子，就能顺道而生；违背它那把尺子，就会逆道而亡，是生是死，都取决于天地万物自己。

“圣人之在天下，歙歙焉，为天下浑其心。”我心即是混沌，没有分别心，只有同情心，善人也好，不善人也罢，在圣人眼里都是有生命的人，圣人以尊重生命的眼光看待他们，善与不善共存，各得其所，才是真正的和谐。况且“水至清则无鱼，人至察则无徒”，太斤斤计较善与不善，恐怕很难发现这个世界上有善人。其实，善可以变成不善，不善也可以变成善，既然如此，善与不善于我又有何妨呢？所以，老子说：“圣人常善救人，故无弃人。”在圣人的眼里，天下没有一无是处的人，也没有绝对完美的人，既然都是有缺陷的人，又何必在乎张三善，李四不善呢？

庄子曾经和学生一起远行，他们路过一棵大树，庄子的学生觉得这棵大树是栋梁之材。不过，庄子告诉他，这棵树一定是空心的。后来，几个木匠把大树放倒，那棵树果然是空心的。庄子说，一棵枝干粗壮的大树之所以能存活这么久，是因为它是空心的。随后，他们路过一户人家，主人认识庄子，便杀鹅煮饭招待庄子。主人家有两只鹅，一只会叫，一只不会叫，主人便杀了那只不会叫的。庄子说，那只鹅是因为无用才被杀的。学生觉得很奇怪，庄子告诉他，世间万物有“有用”、“无用”之分，大树无用却能够安享天年，不会叫的鹅无用却被宰杀，是因为人们对它们的认识不一样。人们因为有分别心，总是站在自己的立场看问题。木匠看待树木，如是栋梁之材便将其砍伐，所以无用反而能长寿；而人们养鹅的目的之一是为了让它看家护院，会叫的鹅才会看家护院，所以杀掉不会叫的鹅。故有用的人不必沾沾自喜，无用的人也不必自暴自弃，有用无用全在于人们怎么看待，全在于对人是否有利。可见，善与不善是很难有定论的，两者不能偏废，应同等对待。

古时孟尝君喜欢养士，门下宾客三千余人，食客等级不同，享受的待遇也不同。他自己衣食与宾客无二，供养耗费很大，以致常常要倾家荡产。秦王邀请他去秦一会，他于是同宾客千余人，西入咸阳谒见秦王，秦王降阶迎之，相谈甚欢。孟尝君将天下无双、价值千金的白狐裘送给秦王，秦王穿着它，对宠爱的燕姬夸赞不已。当时天气还暖和，他便交由国库管理员使其收藏好。

秦王欲拜孟尝君为相，秦相樗里疾忌妒他，便让人中伤孟尝君。秦王打算遣归孟尝君，樗里疾又说：“孟尝君居秦月余，其宾客千人，已尽得秦巨细之事，若遣之归齐，终为秦害，不如杀之。”秦王因而把孟尝君软禁在馆舍中。孟尝君转叫人向燕姬求情，燕姬说：“如能送给我一件白狐裘，我就劝秦王放了他。”然而白狐裘只有一件，已经献给秦王了。

这时，孟尝君门下最下座的一个宾客自告奋勇，说能盗回白狐裘，原来此人善于装狗进行盗窃。这天夜里他打扮成狗的模样，从院墙的排水穴爬进国库，等管理员睡了，他取了钥匙，开了库门，盗出白狐裘。

孟尝君赶紧托人献给燕姬，燕姬大喜，于是劝秦王放了他，秦王果真发通行证让孟尝君返齐。孟尝君说：“吾侥幸燕姬之一言，得脱虎口，万一秦王反悔，吾命休矣！”马上趁夜离去，到了函谷关时才刚半夜。关门是人定即闭，鸡鸣始开。孟尝君怕有人追他，急欲出关，众宾客都很惶恐。这时下等客人中突然有一人学起鸡叫，而且叫得跟真鸡一样，惟妙惟肖，于是群鸡都随着叫起来。关吏以为快天明了，便起来验证开关，放他们出关门。孟尝君和众宾客终于依靠着鸡鸣狗盗之徒逃离了凶险的秦国。天明了，秦王果然后悔放走了孟尝君，忙派人去追，但孟尝君早过关东去了，哪里还追得上！

由上面的故事可知，人没有不中用的，每个人都有自己的闪光点，一个朋友一条路，一个朋友一盏灯。孟尝君有海纳百川的胸怀，故手下什么样的能人都有，即便是鸡鸣狗盗之流也受欢迎，关键时刻还能靠他们脱大险！

就管理者而言，知人善用，人尽其才，物尽其用，就是合乎于道，这样就可以得到大家的拥护和支持，这难道不是最大的智慧吗！

第二十八章 知其雄，守其雌

知其雄，守其雌①，为天下溪。为天下溪，常德不离，复归于婴儿②。知其白，（守其黑，为天下式。为天下式，常德不忒，复归于无极。知其荣，③）守其辱，为天下谷④。为天下谷，常德乃足，复归于朴。朴散则为器⑤，圣人用之，则为官长⑥，故大制不割⑦。

①知其雄，守其雌：深知自己雄壮，却安守雌柔。雄，雄壮，比喻刚劲、强大。雌，比喻柔弱、谦下。②婴儿：象征纯真、稚气。③一说此六句为后人妄加，当删。④谷：川谷，喻胸怀广阔。⑤器：器物。指万事万物。⑥官长：百官的首长，领导者、管理者。⑦大制不割：完整的政治是不会伤害百姓的。制，制度。割，害。

【译文】

深知自己雄壮，却安守雌柔，甘为天下的溪涧。甘为天下的溪涧，永恒的德就不会离失，回归到婴儿般单纯的状态。深知什么是明亮，（却安于暗昧的地位，甘愿做天下的模式。甘愿做天下的模式，永恒的德就不相差失，回归到宇宙的初始。深知什么是荣耀，）却安守卑辱的地位，甘愿做天下的川谷。

甘愿做天下的川谷，永恒的德才得以充足，回归到纯真状态。朴木经过适当的加工后，就可成为有用的器具。圣人用谦卑柔软之心，行光明正大之事，自然就成为百官之长，所以完善的制度是不会伤害百姓的。

【智慧全解】

这一章老子主要论述道所包含的基本内容，即柔和虚无。老子认为，先知先觉的圣人掌握了宇宙运动规律，知刚强而守柔顺，回归到无知无欲的婴儿状态，就能不让永恒的德失去；知明亮而守暗淡，回复到为人楷模的终极静态，就能保持这永恒的德不变；知荣耀而守屈辱，回复到虚怀若谷的质朴状态，就能使这永恒的德遍布人间。

这一章里涉及三对对立的概念：雄与雌、白与黑、荣与辱，并涉及老子常用的四个概念：谷、婴儿、朴、器，涉及治理天下的哲学及政治方法论的最基本原则。

在繁殖季节，雄鸟极尽所能地展示华丽的羽毛，终日躁动不安，四处争斗，然而却是默默无闻的雌鸟担负着繁衍生息的伟大使命。雌雄原本只是表示动物性别的词，道家却常常用来指称刚强和柔弱两种态度。老子理想中的圣人该是知雄守雌的，他知道自己有坚强的实力，但却抱守着柔弱的态度。这种“雌雄同体”的人是难以战胜的，因为在对手有可能战胜自己之前，他们先战胜了自己。从根本上来说，柔弱乃是自我控制的艺术。

在老子看来，刚强是有为的表现形式，柔弱是无为的表现形式，柔弱是合于道的，而刚强是不合于道的。他要求人们要认识到刚强是不合道之法则的，所以要坚守柔弱。人们常用温柔似水来形容女子美好的性格特征，水性本柔，所以能承载天下万物，人们如果能达到如溪水般柔顺，也就符合了道的要求，也就回归到婴儿般的自然人状态，得道也是必然的了。

三国时期的刘备就是坚守柔弱的代表人物。建安三年，刘备被吕布打败，在不得已的情况下率众投靠曹操。曹操表奏汉献帝，封刘备为左将军，让他留在许都。刘备表面上得了官职，实际上无权无势，时时处处受到曹操的控制。刘备深为自己的壮志难酬而苦恼，恨不能插上双翅飞出许都。为迷惑曹操，刘备每日在府邸里种菜。曹操觉得刘备胸无大志，渐渐对他失去了戒心。

一天，刘备与曹操闲坐，军兵报告说袁术欲弃淮南而投河北。刘备听后暗想：曹操欲灭袁术已经很久，我何不以此为借口逃离许都呢？于是，刘备对曹操说："袁术北上必然经过徐州，我打算率一彪军马在半路截击他，置袁术于死地。"曹操犹豫了一下，说："明日奏请天子后再起兵吧！"

第二天，刘备恐曹操中途变卦，亲自奏请献帝，要求率兵去讨伐袁术。献帝应允后，曹操令刘备总督五万兵马出征。

刘备回府后连夜收拾鞍马，挂上将军印，催促关羽、张飞立即起程。关、张二人问他为什么仓促起程，刘备答道："我在许都乃笼中之鸟、网中之鱼。这次出征，乃鱼入大海，鸟上青霄，再也不受笼网的羁绊了。"关、张听完，如梦初醒，随刘备率兵马疾行而去。

刘备刚出许都，谋士郭嘉就得到了消息，他向曹操进言："丞相为何遣刘备去讨袁术？刘备一去可就不复返了。此乃放龙入海，纵虎归山啊！"曹操于是后悔，急令许褚率五百精兵截回刘备。

刘备在出师前为防止曹操变卦，不仅得到了曹操的将令，而且在献帝那里得到了圣旨。此刻许褚前来拦截，刘备三言两语便把许褚说得无言以对。许褚无奈，只得率众回许都向曹操复命。刘备这一走，便如同笼中之鸟重返山林。此后，他招兵买马，礼贤下士，请诸葛亮出山，联合东吴，在赤壁之战中大胜曹操。后来，曹操每每想起刘备的出走，便嗟然长叹，悔之不已！

通常情况下，人们在事情进展顺利的时候，最容易忘记"物极必反"的道理，不是观察不清便贸然投入，就是不懂得适时抽身，非把自己逼到进退两难、骑虎难下的地步才懊悔不已。做事要胸有成竹，不要贪恋功名利禄，不要做无准备之事；做事要随机应变，随势之迁而调整。做事是为了成事，高歌猛进不可取，犹犹豫豫也不可取，唯有知进知退，有张有弛，居安思危，处进思退才是行事的方法。

第二十九章　为者败之

将欲取①天下而为之，吾见其不得已②。天下神器③，不可为也，不可执也。为者败之，执者失之。（是以圣人无为，故无败；无执，故无失。④）夫物⑤，或行或随⑥，或歔或吹⑦，或强或羸⑧，或载或隳⑨。是以圣人去甚，去奢，去泰⑩。

①取：为、治理。②不得已：达不到、得不到。③天下神器：天下的百姓是神圣的。④一说以上四句为第六十四章错简，应移至此处。⑤物：指人，也指一切事物。⑥随：跟随、随从。⑦或歔（xū）或吹：有的性缓，有的性急。歔，轻声和缓地吐气。吹，急吐气。⑧羸：瘦弱。⑨或载或隳：有成就，有毁坏。挫，安稳。隳（huī），危险。⑩泰：过度。

【译文】

想要治理天下，却又要用强制的办法，我看他不能够达到目的。天下的百姓是神圣的，不能够违背他们的意愿和本性而强行治理，也不可以强行支配。强行治理就会失败，强行支配就会失去。（因此圣人不妄为所以不会失败，不强行所以不会失去。）世间之物有前行，有后随；有性缓，有性急；有强壮，有羸弱；有成就，有毁坏。因此，圣人要去除极端，去除奢侈的，去除过度。

【智慧全解】

这一章主要论述了顺应自然的重要意义，自然界的一切事物都有其存在的独特方式，而不能人为地强加干涉。如果强加干涉就是违背大道，就会受到大道的惩罚，注定要遭受失败，任何事物都是这样，都不能违背大道的运行规则。

老子在《道德经》中多次提到统治者应该无为而治，实施不言之教，只有这样才能定国安民，国家才能长治久安，其统治地位才能长久。

老子所讲的“无为”，并不是无所作为，也不是在客观现实面前无能为力。他在这里说治理国家，如果以强力作为或以暴力把持，最终都将自取灭亡。世间无论人或物，都有各自的秉性，其间的差异性和特殊性是客观存在的，不要把自己的主观意志强加于人，不要采取某些强制措施。理想的统治者往往能够顺应自然、不强制、不苛求，因势利导，遵循客观规律。

周朝建立之初，周武王将王室的贵戚和辅佐他夺取天下的功臣分封为诸侯，功居第一的姜尚被分封到今天的山东北部，国号为齐；而周公的儿子伯禽被分封到山东南部，国号为鲁。

周武王成为天下“共主”时，立下了这样的规矩：凡是有封地的诸侯，都要定期到天子所在的王城述职。姜尚治理齐国一年后，前往镐京向辅佐朝政的周公述职。周公问他齐国的治理情况，姜尚告诉周公，他在齐国行政，将当地的风俗和周朝的律法相结合，顺其自然，因势利导，老百姓的生产、生活习惯没有多大改变，他们很快适应了这样的治理方式，齐国基本实现了大治。两年后，周公的儿子伯禽也到镐京述职，周公问伯禽为什么这么晚才进京，伯禽说鲁国的民俗十分顽固，他用了两年时间才改变当地人的生活习俗，使他们的生活符合于周礼的要求，所以到现在才能进京述职。

听完儿子的汇报之后，周公感慨地说，照这样发展下去，多年以后鲁国必将受到齐国的欺凌，而齐国也必将为外姓所取代。历史证明周公的推测是正确的，多年以后，鲁国果然处处受制于齐国，而齐国也在春秋末年被田氏所取代。

老子认为，世上的事物本来千差万别，各有天性。山有山的形貌：有苍绿之山，有嶙峭之山，有高耸入云之山，有连绵起伏之山。水有水的气质：有清澈之水，有浑浊之水，有涓流之水，有咆哮之水。作为万物之灵的人，芸芸众生数以亿计，更是各有各的形貌，各有各的气质，而且爱好和习惯还各有不同。比如，有的人喜欢走在众人的前面，有的人喜欢跟在他人的后面；有的人性情温顺乖巧，有的人生性刚猛暴躁；有的人喜欢争强好胜，有的人喜欢谦恭礼让；有的人蛮横霸道，有的人懦弱受欺；有的人爱好运动热闹，有的人爱好安详清净。世间众生千百态，不可能让所有人都按照某个人的旨意改变。世上万物包括人，都是自然而然地存在着，一切都按照他们各自的天性发展着，为何偏偏要对他们强加管理，强行安排他们的性情习惯，将自己的意志强加于人、强加于物上呢?

因此，真正有头脑、有智慧的领导者，能够清醒地知道应该把那些极端的、过度的、奢侈的要求排除掉，这样才能真正地管理好一切。

康熙在节俭方面一向是不尚空谈而注重实践，他对以皇帝个人享受荣华富贵为中心，从而劳民伤财、大兴土木的举动不感兴趣。他十六岁的时候，孝庄太皇太后要求重建乾清宫交泰殿，康熙是孝子贤孙，不敢违背祖母的旨意，但他却批示工部道：“不求华丽、高贵，只令朴实、坚固、耐用。”他注重节约的作风可见一斑。他对大臣们说：“节俭固然是美德，人人都能挂在嘴上，而真正能够做到的却很少。现在天下太平，国家富裕，朕躬行节俭，宫中费用非常节约。计明朝一日之用，足够朕一月的所需了。一切费用都是用黎民百姓的血汗积累而成的，朕思作为人主的皇帝唯有能够约束自己，所谓的尊贵才能更加可贵。如果只知道奢侈无度，就不觉得可贵了。我祖宗的传统就是如此，我要时刻警惕牢记着。”

第三十章　不道早已

以道佐人主者，不以兵强天下。其事好还[1]。师之所处，荆棘生焉。大军之后，必有凶年[2]。善有果[3]而已，不敢以取强。果而勿矜[4]，果而勿伐[5]，果而勿骄[6]，果而不得已，果而勿强[7]。物壮则老，是谓不道。不道早已。

①其事好还：用兵这件事一定会得到报应。还：还报、报应。②凶年：荒年、灾年。③有果：达到目的。④矜：矜夸。⑤伐：炫耀。⑥骄：骄傲。⑦强：逞强。

【译文】

懂得以道来辅佐君王的人，不会依恃强大的武力。以武力统治他人容易得到报应。大军所到之处，田地荒芜，荆棘丛生。大战之后，一定会出现荒年。善于用兵的人，只要达到用兵的目的就可以了，并不以兵力强大而逞强好斗。取得了战果不自大，不炫耀，不骄傲，认为战胜而示人是迫不得已，这就是达到目的而不自以为强。事物过于强大就会走向衰朽，这就说明它不符合于道，不符合于道的就会很快死亡。

【智慧全解】

春秋战国时代，社会动荡不安，大小战争此伏彼起，给国家带来破坏，给老百姓的生活造成灾难。老子反对战争的主张，符合老百姓的利益和愿望。但必须说明的是，《道德经》主要是一部哲学著作而不是兵书，老子论兵是从哲学的角度，而不是从军事学的角度。讲到许多哲学问题时，也涉及军事，因为哲学与军事虽不属于同一学科，但也有许多内在相通之处。他着重讲战乱给人们带来的严重后果，这是从反对战争这一角度出发的。

话又说回来，一个国家如果没有自己的军队，就会遭到其他国家的侵略，无法保证自己国家的安定祥和。所以老子主张，用兵之道不是为了战争，不可以强兵天下，而是为保家护国，确保人民的安全和政治的稳定而用，是不得已而为之的事情，是被动的而不是主动的。一旦发生战争，必须用兵的时候，也要遵循大道的原则：不过分用兵逞强，只要达到保全自身利益的目的就可以了；在达到目的以后，不要自满、不要骄纵、不要显摆。因为这样做不仅会引起别人的嫉恨，还会使自己放松警惕，放纵腐化，使已经取得的胜利化为乌有，导致失败。所以，做任何事都要追求一个合理的度，过度用兵以逞强和显示威风，只会落得个一败涂地的下场。这就要求统治者在治理国家时应采取自然而然的做法，而不采取过分的行为，这样才能确保天下太平、国富民安。

汉朝建立之初，北方的匈奴非常强大，对汉朝的稳定形成威胁，匈奴骑兵多次袭扰边地，掠夺百姓与财物，有好几回居然长驱直入逼近长安。面对匈奴的肆虐骚扰，汉朝朝廷自感没有实力与之对抗，因此，汉初几代君主忍辱负重，采取“和亲”政策，为中原地区的百姓换来了可贵的和平环境。到了汉武帝时期，汉朝的人力、物力、财力都达到了空前的强盛。其实，到了这个时候，汉朝根本不用担心匈奴会贸然发动大规模的侵略战争，因为战争比拼的是实力，匈奴人不会不明白这一点。但汉武帝不满足于“无为而治”，他要用“武功”去谱写个人的丰功伟绩，于是对匈奴发动了大规模的驱逐战争。

汉武帝与匈奴之间的战争前后历时数十年，虽然最终取得了胜利，但也付出了惨重的代价。每次战争，汉武帝动辄发兵十余万，除直接参加战斗的将士外，其后勤供给也动用了大量人力。一场大战所需后勤人员就达几十万之多，而且随着战线的拉长，后勤的补给线也在拉长，加在老百姓身上的负担也就越来越重。几十年的战争其实就是几十年的消耗，再强大的国家也经不起这样的折腾。所以，汉武帝虽然打赢了这场战争，却耗费了汉王朝的实力。从此，汉王朝雄风不再，日薄西山，衰亡的命运不可避免。

可见，很多时候，战争最大的危害还不在于战场上的伤亡，而在于后方百姓的痛苦。发动一场大规模的战争，即使打赢了，也会给老百姓带来无尽的灾难，甚至动摇国家的根基。一部人类文明史已经证明，凡是“以兵强天下”者，必然失道，而失道者都没有好下场。

老子还向我们说明了一个人生道理，做事不能太过头，太过头就会走向反面。当我们取得了成绩时，不可沾沾自喜，更不可妄自尊大，而应该保持一个适当的度，否则就会向相反的方向转化。人们常说的“否极泰来”就是这个道理。我们常常用“乐极生悲”来形容那些得意忘形的人，也常常将之作为自己的警钟。快乐得忘了形的人，在生活中随处可见，而悲伤过度的人也不在少数，人们为什么这么难以把握自己的情绪呢？其实答案很简单，那就是我们都离大道太远了，无法与大道合二为一。大多数人在受到伤害后，只是一味地忍着伤痛，想起一次痛一次，而不是作为一次经验教训，化悲痛为力量，向积极的方面转化。实际上，失败和痛苦在很大程度上有助于一个人的成功。所以，我们绝不能让坏情绪毁了自己的一生，生命是多姿多彩的，关键在于我们是否拥有欣赏的眼光和快乐的心情。

第三十一章 有道不处

夫兵者①，不祥之器，物或恶之②，故有道者不处。君子居则贵左③，用兵则贵右。兵者不祥之器，非君子之器，不得已而用之，恬淡④为上。胜而不美，而美之者，是乐杀人。夫乐杀人者，则不可得志于天下矣。吉事尚左，凶事尚右。偏将军居左，上将军居右，言以丧礼处之。杀人之众，以悲哀泣之；战胜，以丧礼处之。

①兵者：指兵器。②物或恶之：意为人所厌恶、憎恶的东西。物，指人。③贵左：古人以左为阳、以右为阴，阳生而阴杀。尚左、尚右，居左、居右都是古人的礼仪。④恬淡：安静、沉着。

【译文】

兵器是不吉祥的器物，一般人都厌恶它，所以有道之人不会使用它。君子起居在左厅，习武在右殿（左为青龙居，右为白虎堂）。兵器是不吉祥的器物，不是君子使用的东西，如果不得已要使用它，也应以恬静淡然的心态为上上之策。打胜仗必会造成杀戮，不算是好事，如果还自鸣得意就叫做嗜杀之人。嗜杀之人必不得民心，终究无法治理天下。喜庆之事以左方为主位，丧葬之事则以右方为主位。打仗时副将居左方，主将居右方，就是把打仗当做办丧事。因战争不得已而杀人，要以哀悲的心情去面对它，战胜了应以办丧事的心情来看待胜利。

【智慧全解】

中国古代以左为贵，在天子或者诸侯临朝时，文官总是站在朝堂的左边，武将则站在朝堂的右边。在三公的序列之中，又以宰相为尊，太尉、御史大夫次之，可见，在中国古人的政治思想里，对文治的重视程度要远远高于武功。出兵打仗的时候，大将军往往站在战车的右侧，偏将军则站在战车的左侧，这是因为在古人的眼里，出兵打仗意味着流血牺牲，是凶事而不是喜事。即使大军凯旋，朝廷迎接凯旋的将士也采用丧礼的礼仪。

本章老子对兵器进行了犀利的批判，认为兵器是“不祥之器”。他把自己对兵器的看法融入到高深的哲理中，认为战争是有悖于大道的，为得道之人所不为，甚至深恶痛绝。然而，人类社会发展到今天，战争仍未能绝迹，而且兵器工业发展的精良程度远远高于民用工业的发展。世界上的尖端技术，首先应用于军事工业上。原子弹在广岛爆炸十几年后，核电站才造出来。那么，人类这样做的动机究竟在哪里呢？一是想靠武力掠夺和奴役他国和人民，二是用于防御，军事实力雄厚才不会被人欺侮。两者互相演化的结果，就形成了军备的大竞赛。其实，掠夺和奴役都是人类好逸恶劳的恶习反映，所以，人与人之间的征伐，归根结底，是人类贪婪的表现。一开始其用心就是凶险的，就是不吉祥的。实际上，人类现有的资源并不是不丰富，如果把用于军事上的人力、物力和财力，用到民用工业的发展上，人类可以生活得更好。核武器杀伤力强，遏制战争的力量也强，但它给人类带来的只是有限的和平，无限的灾难，所以，兵器从一开始就是不吉祥的东西。

正因如此，自古以来人们都对战争怀有一种恐惧感，无不希望平安稳定，不要有战争发生。即便是个人与个人之间的矛盾，如果用武力来解决，不仅矛盾会被激化，还会使我们自己的人身安全得不到保证。因此，在与他人交往的过程中，尽量避免发生正面的冲突，即便发生了意见分歧，也最好以恬静淡然的态度对待，这样才能够化干戈为玉帛。如果每个人都本着以上原则与人交往，人与人之间就会平和得多，也不会有那么多不该发生的故事了。当然，有的时候武力是不可避免的，比如面对歹徒，必须以武力将其制服，有时甚至可以采用一些极端措施。

因此，不管是统治者治理天下，还是人与人之间的交往，最好能以恬静淡然的方式进行，争取做到与人无争、与物无争、与名无争、与利无争。

第三十二章　知止不殆

道常无名，朴①。虽小②，天下莫能臣③。侯王若能守之，万物将自宾④。天地相合，以降甘露，民莫之令而自均⑤。始制有名⑥，名亦既有，夫亦将知止⑦，知止可以不殆⑧。譬道⑨之在天下，犹川谷之于江海。

①道常无名，朴：道永远是无名而质朴的。②小：形容“道”是隐而不可见的。③臣：臣服、屈服。④自宾：自然而然地服从。宾，服从。⑤自均：自然均匀。⑥始制有名：原已有了一定形态的社会制度。始，本来。名，名分，即官职的等级名称。⑦知止：知道它的界限。⑧不殆：没有危险。⑨譬道：有助益性、合乎道理的（主张和措施）。

【译文】

道永远是无名而质朴的。它虽然微小不可见，可天地没有不服从它的。侯王如果能够依照道的原则治理天下，百姓自然会归从他。天地间阴阳之气相合，就会降下甘露，人们不必指使它而会自然分散均匀。治理天下就要建立一种管理体制，制定各种制度确定各种名分，任命各级官长办事。名分既然有了，就要知道各自的限度，守好本位，就不会有危险。道存在于天下，就像江海，一切河川溪水都归流于它。

【智慧全解】

道德在于万物，而万物也受着道德的支配与调节。如果合乎了大道和大德，一切事情都会顺其自然，天下安定，人民幸福。然而，大道和大德到底是什么呢?

对于大道，我们是永远也无法给它命名的，没有办法用一个固定的概念去描述它，但它确实是存在的，大到无穷大，小到无穷小。如果非要用我们能够理解的概念去命名它，那就是“朴”。虽然说那“朴”字微小精致，但谁也不能去支配它，或者让它臣服。或者说，反过来，它却主宰着人类万物。

只要人类中的圣人能够守住这个纯真的“朴”，那么天下万物都会自然而然地为他效劳。不仅如此，就连天与地也会阴阳相交，普降甘露，泽润万物。而老百姓则不需帝王侯公去下什么命令，也就自然平均和睦，无争无夺了。

但是，人类认识的一个最大的特点，也是一个最大的局限，就是必须设立概念和名相。如果没有概念和名相，我们也就无法进行思维和认识。所以，当人类的认识一开始时，也就制定了名相和概念。不过，老子的意思是说，既然有了名相和概念，那就不要太分别、太执著于我们自己的认识，要知道我们认识的有限性，所以要适可而止。一旦我们按照自己的认识走得太远，就会违背那真正的“朴”，从而招致自然的不平衡，造成我们自身的灾难。所以，只要知道适可而止，就不会离大道之朴太远，自然也就不会招致灾难了。

就拿喝酒来说，一个了解自己酒量的人，知道自己喝多少酒不会误事，所以，他在酒桌上不会逞英雄装好汉，一旦喝到了量，他就会管住自己的嘴，这样做虽然有些“不够朋友”，但至少不会说错话、办错事，于人于己都没有害处，这叫“知止”。而那些不知深浅的人往往嗜酒如命，端起酒杯就忘乎所以，伤了身体不说，还特别容易误事、得罪人。酒并没有什么不同，不同的是人们对待酒的态度，有的人知道适可而止，有的人却不知进退。

第三十三章　自知者明

知人者智，自知者明。胜人者有力，自胜者强[①]。知足者富。强行[②]者有志。不失其所者久。死而不亡[③]者寿。

①强：含有果决的意思。②强行：勤勉力行。③死而不亡：身虽死而道犹存。

【译文】

能了解、认识别人叫做智慧，能认识、了解自己叫做聪明。能战胜别人是有力量的，能克制自己的弱点才是真正的强者。知道满足的人是富有的。坚持力行、努力不懈的人是有志气的。不离失本分的人就能长久不衰。身虽死而道仍存，如此才算是真正的长寿。

【智慧全解】

中国有一句话叫“人贵有自知之明”，这句话的最早表述者就是老子。“自知者明”，就是说能清醒地认识自己、对待自己，这才是最聪明的，最难能可贵的。

人在人道，迷于私欲杂念，易于责人，难以责己，既爱挑剔别人的不足，也爱兜售自己的所长。了解别人不易，认识自己更难。了解别人只用聪明即可，老子这里讲的“智”是指机智聪明，机智聪明并不需要净化本能，只需正常的逻辑思维就能办得到。而要认识自己，就非要净化本能不可，如果不净化本能，本性不能恢复，不能“涤除玄鉴”，又怎么谈得上认识自己呢？聪明和智慧是两码事，“聪明”带有本能驱使的奸巧成分，而智慧则往往带着本性复明的道德高尚。人要追求心灵净化、人格完善的大智慧，而不要寻求满足贪欲妄想的奸巧“聪明”。

所谓“知己知彼，百战不殆”，就是说一个人不仅要善于了解别人，更要善于了解自己，了解自己的人是最明智的，既了解自己，又了解别人，这样的人就不会在与别人的交手中遇到危险。

战国时期，楚庄王准备出兵攻打越国，杜子进谏说：“听说大王准备攻打越国，其中有什么特别原因吗？”

庄王回答说：“因为现在越国的政治很腐败，兵力也很弱。”

杜子说：“也许是我自己太愚蠢了，我真为你攻打越国的事放心不下。智慧就像人的眼睛一样，能清楚地看见百步之外的东西，反而看不见自己的眼睫毛。大王的军队前不久被秦国和晋国打得惨败，丧失国土几百里，这不是已经表明我们的兵力也不强吗？国内到处都是百姓造反，贪官污吏多如牛毛，大王多次想革除弊政就是不能实行，我们楚国的政治腐败混乱，至少和越国不相上下。不清楚自己的兵弱政乱，倒想着发兵去攻打越国，这样的智慧正如眼睛一样，看不见自己的眼睫毛啊！”

楚庄王经杜子这么一说，才意识到问题的严重性，立即打消了攻打越国的念头。

所以说，做人难，不仅难在认清别人，更难在认清自己。怎样才能既不盲目自大又不妄自菲薄呢？这就需要我们进行广泛的社会交往，人和所有其他事物一样，是在不断地相互比较中不断认清自我的。

刘邦称帝不久，在洛阳南宫的一次宴会上问群臣：“我为什么能得到天下，项羽为什么失去了天下？”文臣武将纷纷发言，各抒己见。王陵首先说：“您平时待人傲慢无礼，动不动就发脾气，但是赏罚分明，量才录用。您派人攻城略地，取胜以后，就给人记功，与天下均利，所以将士都愿意为您效劳。项羽刚愎自用，嫉贤妒能，谁有才能就会受到怀疑，谁立了功反而受到迫害，这是他失去天下的原因。”不少大臣附同王陵的意见。

刘邦却认为他们没有讲到点子上，说：“你们只知其一，不知其二。运筹帷幄之中，决胜千里之外，我不如张良；治理国家，稳定后方，安抚百姓，源源不断地供给军饷，我不如萧何；统率百万大军，攻城略地，战无不胜，我不如韩信。这三个人都是当今豪杰、天下奇才，我能重用他们，这就是我能够得到天下的缘故。项羽只有一个范增，尚且不能重用，这就是项羽失败的原因。”众人听了心悦诚服，纷纷下座拜伏。

芸芸众生中，有多少人能像刘邦那样知己知彼呢？可以说少之又少。因为人人都有虚荣心，就算知道自己的缺点也不愿意承认和面对。所以，要想自知就必须给自己一个正确的评价。如果一个人真的无法自知又会如何呢？一个人如果仅仅不自知，自己愿意糊涂，也没有什么关系，如果说他是个傻瓜，的确不会有太大的影响，既不会给他人以错误的引导，也不会给自己带来更大的麻烦。可是，很多时候，那些没有自知之明的人偏偏不是傻瓜，不仅不是傻瓜，有时还比一般人要“聪明”。这样的人往往只看到自己的优点，而不知道自己的缺点是什么，因此总是一副高人一等、自我感觉良好的样子，他们绝不会承认自己没有自知之明。由于他们没有摆正自己的位置，所以他们看问题总是片面的、本末倒置的；总是自以为是地要一些小聪明，给自己和他人以错误的引导，带来不必要的麻烦。

当我们能够了解自己，知道自己的优点和缺点，并能够正确面对时，我们不仅能够了解别人，战胜别人，同时还能够战胜自己，成为真正的强者和智者。正如老子所说，一个能够战胜别人的人，只能说明他是有力量的，而一个能够战胜自己的人，才是高明的。

第三十四章　终不为大

大道泛兮[①]，其可左右。万物恃之以生而不辞[②]，功成而不有[③]。衣被[④]万物而不为主[⑤]，可名于小[⑥]；万物归焉而不为主，可名为大[⑦]。以其终不自为大，故能成其大。

①大道泛兮：大道广泛流行。泛，广泛。②不辞：不推辞，不辞让。③有：据为己有。④衣被：意为覆盖。⑤不为主：不自以为主宰。⑥小：渺小。⑦大：伟大。

【译文】

大道广泛流行，左右上下无所不至。万物依赖它生长，而不推辞；成就了万物，而不据为己有。它包容养育万物而不自以为是主宰，永远没有私欲，可以称它为“小”。万物归附于它而不自以为是主宰，可以称它为“大”。圣人之所以能成其伟大，是因为他不认为自己伟大。

【智慧全解】

本章说明道的伟大。道生长万物，养育万物，使万物各得所需，各适其性，而丝毫不加以主宰。这就道出了“终不自为大，故能成其大”的结论。

老子告诫我们，“小”能成就“大”，即平凡能成就伟大。伟大寓于平凡之中，在平凡中见伟大的人才是真伟大。自命清高，孤芳自赏，标新立异的人，属于“高绝之行，褊急之衷”之辈。虽说有德之人、建功立业的伟人是不怕孤独的，因为真理往往掌握在少数人的手里，像污泥中的莲花格外醒目，耐得住寂寞，但这并不是说人要使自己置身于空中楼阁之中，让思绪永远停留在理想世界，因为人不可能离开现实世界而生存。

年轻人有远大志向，才可能成为杰出人物，但要成为杰出人物，还必须从最基础的事情学习做起。当你仍默默无闻的时候，不妨试着降低一下自己的物质目标或事业抱负，做好一个普通人该做的普通事，这样你的视野将更宽阔，或许还会发现许多意想不到的机会。

那种大事干不了、小事又不愿干的心态是要不得的。小至个人，大到公司、企业，它们的成功发展，正是得益于平凡工作的积累。公司需要的是能够在平凡中成长的员工，能够认真对待每一件事，能够把平凡工作做好的人。因此，不要看轻任何一项工作，没有人可以一步登天，当你认真对待每一件事时，你会发现自己的人生之路越来越广，成功的机遇也会接踵而来。

本章中老子描述“大道”的品格，一是表现在万物都依靠它生长，而它从不推辞，功成之后，又不居功自傲；二是护养万物而不为主宰，万物生命复归于它，而它并不以主宰而自居，这可称为伟大。有谁看到过太阳向我们伸手要过钱？这种事从未发生过。太阳用光芒照耀大地，给我们以温暖，空气为我们提供生存的条件，它们从来没有夸耀过自己，也没有向我们索取过什么。它们是大道的使者，是大道的统一体，它们如实地体现着大道的根本，反映着大道的本意。大道和它们都在为万物奉献着自己的所有，使万物生机盎然，但这份功劳它们却从未承认过，也不曾为此而炫耀过。天地万物都是由它们衍生的，依靠它们来生长和发展，但它们从来没有想过要主宰任何事物，也不想强行去改变任何事物，使一切事物自然地生长和发展。大道的这种平常心值得所有生物学习，尤其是我们人类，因为这正是我们所缺少的。

所以，凡是得道的圣人，取法于道，都表现出“德”的效应，始终不自以为伟大，但都能成就其伟大的人格和功绩。这样的圣人古已有之，现代也不乏其人，如居里夫人、爱因斯坦等伟大的科学家。

做人最忌讳的是厌学、好为人师，以为自己什么都懂。其实，好为人师、自以为什么都懂的人往往是一汪浅水，经不起搅拌。

美国前总统卡特在海军服役时就是个心浮气躁的年轻人，他常常摆出一副学识很渊博的样子。有一次，海军将军召见他，他原打算好好表现一番，没想到几句话问下来，他就招架不住了。原来，将军在问完几个互不相干的问题之后，抓住一个很专业的问题问他，但卡特对此并不精通，只知道一些皮毛，所以他支支吾吾，总也说不出个所以然来。这件事情对卡特打击很大，幸好他知耻而后勇，从此潜心学习海军的各种知识，并把这种谦虚谨慎的学习作风融进政治生涯，终于修成正果，成为美国战后最有作为的总统之一。

孔子是中国古代的大学者、大圣人，他的知识非常渊博，但这一切都得益于他的勤学好问、日积月累。他非常好学，对身边的任何知识都不放过，非要弄出个所以然不可。而且他很善于向有各种学问的人请教，比如曾经问礼于老子，向郯子请教过治国的学问，向苌弘请教过天文，向师襄请教过弹琴……所谓学得多才了解得多，问得多才知道得多，学问学问，就是靠不断地学、不断地问才得到的。孔子做到了这一点，所以他成了当时学问最渊博的人之一，被儒家尊为“圣人”、“至圣先师”，为后世所推崇和效法。

可见，渊博的知识是通过不断的点滴积累形成的，而不是靠自高自大形成的，就算是圣人、贤人也是如此，何况我们这些平常人呢？

第三十五章　道用无穷

执大象①，天下往。往而不害，安平泰②。乐与饵③，过客止。道④之出口，淡乎其无味，视之不足见，听之不足闻，用之不足既⑤。

①大象：大道。②安平泰：就会形成平和而安宁的景象。安，乃、则。③乐与饵：音乐和美食。④道：指自然常识。⑤不足既：没有穷尽。既，尽。

【译文】

执政者如果依照大道行事，天下人必定会投靠归顺。天下人投靠他之后，如果没有遇到灾害，就会形成平和而安宁的景象。音乐和美食，能吸引路人停留止步。用言语来表述大道，却是淡而无味的，看它看不见，听它听不着，然而道的作用却是不可穷尽的。

【智慧全解】

老子在这一章中提出了“大象”的概念，很显然，此“大象”非彼大象（动物），而是道的法象，是一种类似于路线图的东西。这是承接上一章说的，统治者如果能掌握大道的“大象”，就能得到天下的顺从和依附。世俗意义上的归附是由于名利的驱使，人类有追名逐利的需求和欲望，一旦这种欲望有了实现的物质前提，人们就会趋之若鹜，就如在人们必经的路旁设置可供娱乐的设施或摆设散发着诱人香气的美味佳肴，有多少人能抵挡住这种声色诱惑呢?

而大道无声无形，根本不可能对人构成诱惑，我们看不见它，摸不着它，无法对它执著追求，更无所谓争夺它，占有它，但它却能使我们受用不尽。

大道无处不在，它对我们的控制是我们能够意识得到，却无法感觉得到的，这就是大道的平凡。它不以声色相诱惑，不以名利做诱饵，不以武力相威胁，一切都是自然而然的，使我们不得不顺从它的原则，投入它的怀抱，得到永久的安详和平静，永远也不会受到伤害，这就是大道的伟大。大道之所以伟大，是因为它的平凡，而这才是老子所说的大道的根本，无为而无所不为的真谛。如果领导者能够掌握大道的这种根本，能够效法大道无为而无所不为的做法，就无须用各种手段来笼络人心，费尽心机地控制他人了。人们会自然而然地归属到他身旁，享受没有任何伤害的安宁、平等和祥和。

有些人自恃强大，不顾他人感受，做出一些有违做人之道的事情来，致使亲者痛，仇者快，众叛亲离，成为孤家寡人，处处碰壁，一事无成。而那些能够与人分享利害，以诚挚之心待人的人，不仅能与周围的人友好相处，即使那些初次与他们见面的人，也会对他们产生一见如故的好感；他们遇事总会有人帮助，再难的事也能办成，再大的坎也能迈过去。

第三十六章　物极必反

将欲歙①之，必固②张之；将欲弱之，必固强之；将欲废之，必固举之。将欲取之，必固与之③。是谓微明④。柔弱胜刚强。鱼不可脱⑤于渊，国之利器不可以示人⑥。

①歙（xī）：收敛。②固：先。③与之：与，同“予”，可以给予别人的身外物。④微明：微妙明通的道理。⑤脱：离开、脱离。⑥国之利器不可以示人：国家政权不是用来威慑人的锐利武器。利器，指国家的刑法等政教制度。示人，给人看，向人炫耀。

【译文】

想要收敛它，必先扩张它。想要削弱它，必先加强它。想要废除它，必先推举它。想要夺取它，必先给予它。这是微妙明通的道理。柔弱能战胜刚强。鱼的生存不可以离开水，涉及国家安危的器物及重要决策不能轻易向人展示。

【智慧全解】

万事万物都有一个“度”，从天时上说，从冬至到夏至是“阳进阴退”的，从夏至到冬至是“阴进阳退”的。冬至和夏至分别是一年里阴气和阳气最盛的一天，可这一天也是由顶峰向着另一极端变化的开始。

从人的角度说，真正到了壮年的标志也就是一切生长完成的状态，是同化和异化取得平衡的状态，但之后就要走向衰老，其实是人的一生中“好花开到烂漫”、“烈火烹油之盛”——好景不长的状态。

凡事到了“张之”、“强之”、“兴之”、“与之”的状态，说明事物已经走到了“盈”的状态，既然到了这个状态，等待它的命运就只有“消”。区别仅在于是主动地自己来“消”，还是让道来给它“消”——“歙之”、“弱之”、“废之”、“夺之”。

在对人与物进行深入而普遍的观察研究之后，老子认识到，在柔弱的事物中蕴涵着的内敛，往往富于韧性，生命力旺盛，发展的余地极大。相反，看起来强大刚烈的东西，由于它的显扬外露，往往失去发展的前景，因而不能持久。在柔弱与刚强的对立之中，老子断言柔弱的内在胜于刚强的外表。

晋国是春秋时期的大国，占据中原沃土。到晋献公时，他的几个儿子为了争夺王位继承权互相争斗，这就是“骊姬之乱”。晋献公平乱后，把那些参与作乱的公子一一诛除，并且立下一条规矩：以后晋国不再立公子、公孙为贵族。现在看来，他的这种做法并不是什么高明的举措，虽然杜绝了王室成员为了王位而骨肉相残的惨剧，但也产生了一个更为严重的后果，那就是晋国的王室力量越来越衰弱，晋国的政局也开始被有权有势的卿大夫控制住，这些卿大夫为了拥有更大的封地和权力，除了和晋国王室争斗之外，彼此之间也互相倾轧，又因为都不是同姓，打起仗来毫不手软，导致晋国国内的纷争比以前更加激烈。

这种情况一直持续到春秋末期，晋国卿大夫只剩下智、韩、赵、魏四家。其中，智氏的势力最强大，智氏也常常自恃自己实力强大，欺压另外三家。当时智氏的家主是智瑶，因受封为伯爵，所以也称智伯。而韩、赵、魏三氏的家主只是子爵，低智家一级，所以魏家的家主称魏桓子。有一次，智伯又平白无故地向魏桓子索要土地，被魏桓子拒绝。

魏氏新招的家臣任章问魏桓子：“他要土地，您为什么不顺从他的意思呢？”魏桓子说：“智伯无缘无故来索要土地，给了这一次，很快就会有下一次，我当然不会给他。”任章说：“主人想得还是不够长远啊！您也知道他的贪欲会越来越大，可是您想过没有，他这样无缘无故地索要土地，韩、赵两家会怎么想？肯定害怕他的势力越来越大。智伯的胃口越来越大，等到晋国整个国家的土地都不能满足他的时候，其他的诸侯国又会怎么想？也一定是害怕他的势力越来越大。那么，这些害怕他势力越来越大的国家不就会团结在一起了吗？如果我们把土地给了智伯，他就会因为占到这点便宜而越来越骄横，越骄横就越会轻敌，这样我们就有机会消灭他了。”

魏桓子听了恍然大悟，二话不说就把一个有万户人家的城邑给了智伯。智伯见魏桓子屈服了，果然更加骄横，又肆无忌惮地向赵氏索取蔡、皋狼等地，赵氏不答应，智伯就围攻晋阳。后来魏氏和韩氏联合从外反击，赵氏在城内接应，智伯大败，终于自取灭亡。

这个叫任章的家臣真是不简单，他知道一时的忍让并不代表永远的退缩，一时的得逞也不能说明一世强横，谁能笑到最后，谁才笑得最好。

因此，当你不够强大而对手又比你强大时，不要消耗自己的力量去削弱对手，最好选择让对手自己削弱自己的方式来战胜对手，比如先让对方尝到甜头，滋生欲望，使其欲壑难填，最终毁灭于欲望当中。

总之，换个角度思考问题，换种方式做事，你会得到更多的惊喜。这就像捕鱼，不能老是收紧罗网，应先张开罗网撒向水面，在网上布些诱饵，让鱼进入罗网，然后再收网，才能网住那一条条活蹦乱跳的鱼。

第三十七章 道常无为

道常无为而无不为①。侯王若能守之②，万物将自化③。化而欲④作，吾将镇之以无名之朴⑤。镇之以无名之朴，夫将不欲。不欲以静，天下将自正⑥。

①无为而无不为：顺其自然而无所作为，却又是无所不为的。无为，指顺其自然，不妄为。无不为，指没有一件事是它所不能为的。②守之：即守道。③自化：自我化育，自生自长。④欲：指贪欲。⑤无名之朴：指道的真朴。⑥自正：自己归于正道。

【译文】

道永远是顺其自然而无所作为的，却又是无所不为的。侯王如果能按照道的原则为政治民，万事万物就会自然生长和化育。自然生长和化育而产生贪欲时，就要用道的真朴来镇住它。用道的真朴来镇服它，就不会产生贪欲之心了。没有贪欲之心必然会趋于安宁，天下也将自归安定。

【智慧全解】

这一章是老子《道经》的最后一章，《道经》共三十七章，主要讲述了大道的概念、形状、意义、价值和规律。老子的道不同于任何宗教的神，神是有意志的、有目的的，而道是非人格化的，它创造万物，但又不主宰万物，顺应自然万物的繁衍、发展、淘汰、新生，所以“无为”实际上是不妄为、不强为。这样做的结果，当然是无不为了。

道全方位地参与了宇宙万物发展的全过程，万物产生发展都离不开它的作用。所以，道又是“无所不为”的。前一个“无”，是大道“有无”之无，是道的本性；后一个“无”是“没有”的意思，是道的作用。作为领导者，要恪守宇宙运动的大道。其个人修养要同于自然大道质朴的性质，顺乎自然，消除私欲，达到心态虚静，这样才能做到“无为而无所不为”，天下将依本性自然发展，实现安定。

随着万物的发展，世界走向繁荣，人类的要求越来越高，享乐也越来越多，于是，贪欲产生了，情欲放纵了，虚荣也膨胀了。这时，领导者就要以道的本性——无名之朴来约束他们，使他们返璞归真，消除贪欲。“镇”就是约束，而不是消除，是把欲望限制在合理的范围内。这就要处理好百姓之欲与领导之欲和大道的关系。消除了贪欲，便消除了争斗；消除了争斗，天下就安定了。天下走上了正道，便复归于常态。

无数历史事例证明，大部分王朝的衰落都是由于君主胡作非为而导致的。很多帝王好大喜功，热衷于有所作为，以便名留青史，结果却把大好江山给败没了。

隋文帝取代北周政权，南征北伐统一天下，终于结束了自魏晋以来历时数百年的大动荡局面。由于几百年的大动荡，神州大地满目疮痍，一片萧条之象，隋文帝决定迅速医治社会创伤。他勤俭治国，不过多干涉百姓，让百姓充分发挥自己的积极性，恢复和发展生产，在短短十多年的时间里，就实现了天下大治。他开创的“开皇之治”足可与后来的“贞观之治”媲美，国家财富丰饶，在开皇末年人口也达到了五千多万。此时，大隋帝国的国力可与汉武帝初期的汉帝国比肩。

隋炀帝即位后，面对如此强大的国力，产生了做“秦皇汉武”的想法，他三次出兵高丽，前后动用了上百万军队，结果均大败而归，损失之巨难以估算，在对突厥发动的战争中，耗费了大量钱财，却没有讨到丝毫便宜；他大兴土木，修建东都洛阳，在各地修建行宫；又动用上百万民力，开凿大运河，这是一项可与秦始皇修筑长城媲美的宏伟工程，耗费之巨可想而知。不仅如此，他还四处巡游，三次畅游江都，随行的船只绵延几十里，沿途的州县都要提供美食。

这种劳民伤财的做法，很快消耗了“开皇之治”积累起来的财富，国力迅速衰落。更重要的是，无休止的征伐和徭役又使百姓脱离生产，农业急剧萎缩，百姓不堪重负，各地起义不断；地方实力派人物也拥兵自重，与朝廷对抗，天下大乱，隋朝政权终于在战火汹涌的浪潮中灰飞烟灭。

隋炀帝身死国灭，为后世所不齿，究其致乱亡国之由，在于他自恃国力强大，好大喜功，胡作非为，没有甘为天下苍生“受国之垢”的精神，而是让天下百姓为他“受国不祥”，如此妄为，不亡国实在是没有天理的。

可见，大道看似无为而实有为，看似无形而实有形，看似无眼而实有眼，它时刻关注着世间万物的一举一动。正所谓“离地三尺有神明”，不管我们行事是正确的还是错误的，大道都看得一清二楚，都会有所反映和评判，而且它的反映是自然而然的，它的评判是公正不偏的。所以老子主张，人法天、天法道、道法自然。换而言之，就是我们人类要向自然学习，臣服于自然的治理，效法大道的无为和无言，才能顺天道而昌盛，而这也是做事成功的关键。

第三十八章　上德不德

上德不德①，是以有德；下德不失德②，是以无德③。上德无为而无以为④；下德无为而有以为。上仁为之而无以为；上义为之而有以为。上礼为之而莫之应，则攘臂而扔之⑤。故失道而后德，失德而后仁，失仁而后义，失义而后礼。夫礼者，忠信之薄⑥，而乱之首⑦。前识者⑧，道之华⑨，而愚之始。是以大丈夫处其厚⑩，不居其薄；处其实，不居其华。故去彼取此。

①上德不德：具备上德的人，因任自然，不表现为形式上的德。②下德不失德：下德的人恪守形式上的“德”。不失德，即形式上不离开德。③无德：无法体现真正的德。④无以为：无所作为。⑤攘臂而扔之：摆出撸胳臂挽袖子的架式来，一而再地奋力推行。攘臂，伸出手臂。扔，意为强力牵引。⑥薄：不足、衰薄。⑦首：开始、开端。⑧前识者：先知先觉者，有先见之明者。⑨华：虚华。⑩厚：敦厚。

【译文】

上德的人对人有德而不自恃有德，因此才是真正的有德。下德的人对人一有德就自居其德，反而体现不了真正的德。上德的人顺应自然而无所作为，下德的人表面上顺应自然而实际上是有所作为。上仁的人有所作为而实际上是无意而为，上义的人有所作为且纯出有意而为。上礼的人有所作为而得不到回应，于是就伸出胳膊强拽人们服从。所以丧失了道而后才有德，失去了德而后才有仁，丢失了仁而后才有义，没有了义而后才有礼。礼是忠信不足的产物，是祸乱开始的源头。有先见之明的人，只是认识道的虚华，是愚昧的开始。因此大丈夫应取忠厚不取薄礼，取实在不取虚华。所以要舍弃浅薄与浮华，而取得敦厚与朴实。

【智慧全解】

这章开始为老子《道德经》的第二部分——《德经》。《道德经》的第一部分主要是讲述大道的准则，告诉我们大道自然的规律，使我们对道有了深刻的了解和认识，让我们的行为更能与道相同，从而得到更多的快乐和幸福。因此，我们将第一部分称为《道经》，也就是天道。而第二部分《德经》将对我们的行为提出更准确的法则，帮助我们更有效地与大道相融，使我们的人生少走弯路，也更有意义，也就是人德。

天道与人德是相辅相成的，是相互依存、共同发展的，无法单独存在。而这也是老子哲学体系的整体，是《道德经》的根本所在。

作为《德经》的开篇，老子首先为我们阐释了有德与无德的概念和差异。老子告诉我们具有高尚德性的人，根本就没有有德与无德的概念，也从来不会去追求表面上的德。因为大道是无声无名的，而与大道相辅相成的大德也同样是无声无名的，一切都是自然而为，没有丝毫的做作。

自然大道好比一位温情羞涩的少女。你刻意去追求她，她反而疏离你；你言行合其心意，不追求她，她反而悄悄地来到你的身边。你刻意地追求自然，本身就不自然；你若顺应自然，自然的原则反而属于你。生活中有些人想长生，便刻意追求长生，按照科学配方，这也不敢吃，那也不能做，结果反倒不能长生。真是有心栽花花不开，无心插柳柳成荫。

也因此，具有最大德性的人，根本没有德与不德的概念，在别人看来，他的行为才是合乎道德的。也就是说，大道无言无名，大德同样也无言无名。一旦有名，就进入了后天的分别之中，而具有分别心的人就是凡夫俗子。所以，那些具有下德的人，把道德看得很重，生怕失去了道德，做什么事情都要用道德去衡量，这样一来，他所做的事情也就没有真正的道德了。

我们来看这样一个故事：明代的宋濂性情诚实谨慎，久做内廷的官员，可是从来没有搬弄过别人的是非。他在自己住所的门上题了“温树”二字，来访的客人如问起宫廷中议论的事，即指着门上的字让他们看，避而不答。

有一次，宋濂在家陪客人饮酒，明太祖秘密派人侦察情况。次日，太祖当面问宋濂，昨日饮酒没有？座中客人都有谁？吃些什么饭菜？宋濂全部照实回答。太祖满意地说：“果然是这样，爱卿没有欺骗我。”太祖召见宋濂问群臣的好坏，宋濂只举其中优秀的说：“优秀的大臣与我友好往来，我有所了解；不优秀的没有接触，所以不了解。”主事茹太素奏上万言书，指陈时务，触怒了太祖，太祖询问朝廷大臣的意见。有的大臣迎合太祖，落井下石批评万言书说：“这是不尊敬朝廷，诽谤诬告，无法无天。”

太祖问到宋濂时，他却回答说：“茹太素出言无忌，不过是忠于皇上罢了。皇上正想广开言路，怎好苛求问罪呢？”随后，太祖冷静下来，仔细看了万言书，发现有不少值得采纳的东西，于是召集朝中大臣，对那些见风驶舵，说过茹太素坏话的大臣进行质问、责备。之后又对宋濂说：“如果没有你，我几乎冤枉了敢讲话的人。”并在众大臣面前当众表扬他说：“我听说最卓越的是圣人，其次是贤人，再其次是君子。宋濂侍奉我十九年，从来没有讲过一句假话，讥诮过一个人的短处，始终无二，不仅堪称为君子，而且可以说是贤人了。”

于我们而言，生而为人，就应该认认真真做事，踏踏实实做人，切勿自我标榜。那些标榜自己如何高尚，如何利国利民的人，往往是社会前进的绊脚石。有些人为了成就霸业，招揽人才，会以“王道”相标榜，摆出一副为天下苍生主持公道的样子，殊不知他们的霸业却是用累累白骨堆砌而成。人们标榜某样东西，往往是因为这个社会缺失某些宝贵的东西。世风不再淳朴，于是有人站出来标榜“仁义”；虚假的东西多了，于是有人站出来提倡智慧；家庭不和，伦常有失，于是有人站出来表彰孝子贤孙；王纲失统，于是有人站出来颂扬忠臣……人们颂扬什么，标榜什么，恰恰说明这个国家、这个社会正缺少什么。而这些看似积极的行为，恰恰是有违于道的。其实，越是提倡和标榜某种东西，意味着某些人内心越害怕某些东西。

我们都听说过叶公好龙的故事。叶公标榜自己很喜欢龙，于是在家中的墙壁上都画满了龙。有一天，真龙来到他家，刚露出几个爪子，就把叶公吓得魂不附体。其实，叶公并不喜欢真正的龙，他喜欢的是假龙。他之所以标榜自己喜欢龙，是因为龙是中华民族的图腾，我们都是龙的传人，如果不尊重龙，将被视为大逆不道。由此可见，越是标榜提倡的东西，其真实性越是值得怀疑。

人类之所以比别的动物高明，是因为我们有自己的思想和意志，能够区分善恶美丑，正因为有了区别对待，我们才会存在道德的标准。当然，这种标准也是人为规定的，在老子看来真正的德是无需形式的，这就为我们提供了足以参考的指标。我们在参透这一思想的同时，也就明白了什么是该做的，什么是不该做的，让自己做一个大写的人，只有这样才不负自己的一生。

第三十九章 以贱为本

昔之得一①者——天得一以清，地得一以宁，神得一以灵②，谷得一以盈，万物得一以生，侯王得一以为天下正③。其致之也④，天无以清⑤，将恐裂；地无以宁，将恐废⑥；神无以灵，将恐歇；谷无以盈，将恐竭⑦；万物无以生，将恐灭；侯王无以正，将恐蹶⑧。故贵以贱为本，高以下为基。是以侯王自称孤、寡、不穀⑨。此非以贱为本邪？非乎？故致誉无誉⑩。是故不欲琭琭⑪如玉，珞珞⑫如石。

①得一：即得道。②灵：灵性、灵妙。③正：安宁、安定。④其致之也：推而言之。⑤天无以清：天不清明。⑥废：指地塌陷。⑦竭：干涸。⑧蹶：倾覆。⑨孤、寡、不穀：古代帝王用以自称的谦词。⑩致誉无誉：最高的荣誉是无须称誉赞美的。⑪琭琭（lù）：形容玉美的样子。⑫珞珞（luò）：形容石坚的样子。

【译文】

自古以来与大道统一的事物：天得道而清明，地得道而宁静，神（人）得道而英灵，河谷得道而充盈，万物得道而生长，侯王得道而成为天下的首领。推而言之，天不清明，恐怕要崩裂；地不安宁，恐怕要塌陷；神（人）不英灵，恐怕要灭绝；河谷不盈满，恐怕要干涸；万物没有得到生机，恐怕要灭亡；侯王不能使天下安宁，恐怕要倾覆。所以贵以贱为根本，高以下为基础。因此君王自称为“孤”、“寡”、“不榖”，这不就是以贱为根本吗？不是吗？所以最高的荣誉无须赞美称誉。不要求华丽光洁像宝玉，而宁愿像山石那样坚硬踏实。

【智慧全解】

理解“一”是理解老子生命哲学的关键。“一”是宇宙的根本状态，反映了宇宙的整体性和统一性。宇宙万物内在联系的密不可分状态就是混沌的整体。老子很少像数术那样提出阴阳、五行、八卦之类的概念。因为用思维去分割万物的属性，已经离开了宇宙的本来面目。有时为了便于人们理解和说明问题，也使用“有”、“无”这种对立的概念。所谓“一”实际上是一个太极环，是指宇宙的和谐态，也就是宇宙的统一道场。在这个道场内，万物以其自然的方式相互联系，共存共荣，各得其所。在“一”的混沌态中，天地万物处于良性的太极循环。但是，道的运动并非处于“二”的不变状态，道的运动是循环往复，物极必反，否极泰来。

天和道统一就会变得清明，地和道统一就会变得宁静，神和道统一就会灵验，川谷和道统一就会盈满，王侯和道统一就能使天下安定。老子通过这些自然物和人作论证，无疑是向我们阐明宇宙万物都以“一”作为存在的基础，“一”是万物的始祖。

没有“一”会是什么情景呢？老子接着论述如果没有“一”，这些自然物和人会出现以下情形：天如果没有得到清明就会崩裂；地如果得不到安宁就会废止；神如果没有得到灵气就会消失；川谷如果没有得到盈满就会枯竭；万物如果没有得道就会灭亡；王侯如果没有得道，天下太平就会被颠覆。由此可见，“一”是万物存在的基础，是万物生命的源泉。

秦始皇在统一天下之后，志满意骄，凶暴残忍，酷法严刑，无休无止地征调赋税和夫役，修长城、建宫殿、筑陵寝、开边戍守，使刚刚脱离战乱之苦的广大农民，又陷入疲于奔命的劳役之中。

秦始皇很喜欢六国华丽的宫殿，所以，每当灭掉一个国家，他就让人将宫殿的样子画下来，然后照样仿造。于是，咸阳陆续建造了很多宫殿，仅咸阳的周围就建有宫殿二百七十多座，行宫在关外有四百多座，关内三百多座。在这些宫殿中，最大最有名的要属阿房宫。但是，阿房宫在秦末被项羽烧毁，所以其规模究竟有多大，现在已无法估计。据《史记》记载，仅阿房宫前殿的东西距离就宽达五百步，大约相当于七百米；南北有五十丈，相当于一百一十五米。殿门用磁石砌成，主要是用来防止有人带兵器入内行刺。殿门前排列着十二个巨大的铜人，那是用没收的民间兵器熔铸而成的。为了聚集财富以供自己大兴土木，秦始皇制定了多如牛毛的苛捐杂税。本来按照传统，人们都主张和长辈同住，以便尽孝，而秦始皇却要成家的男子和父母分居，这样国家可以按照户数多收赋税。据记载，当时农民须上交的赋税占总收成的三分之二以上。

秦始皇的暴政导致民怨沸腾，为了防止百姓反抗，秦始皇制定了严酷的刑法，这些刑法的实施导致了百姓的离心。原来百姓渴望统一、结束无休止的战争，是想从此过上安宁的日子，但暴政却让他们失望至极。

贪欲是人的本性，追名逐利是人与生俱来的特性，这是任何人都无法否认的事实。虽然这种特性在一定程度上会推动人类社会的进步，但从人性的角度分析，欲念是必须抛弃的东西。如果因为我们自身的欲望而影响或损害了别人，包括大自然中的所有生物，哪怕是一草一木，都是违背自然规律的行为，是缺德。生活中，不仅人类有缺德的表现，连天地万物都有缺德的现象。比如天，浑然一体，夏天下雨冬天降雪，夜晚星辰散布各居其位，白天阳光普照，白云漂浮，这时的天体现着道德的规律，是清明亮丽的。但是冬天下雨，夏日飞雪，陨石横空，乌云堆积大雨连绵，日久不歇，这时天就违背了道德的规律，是缺德的，如果总是这样，天早晚也会崩裂。

既然连天地都有背道离德的时候，那么，人偶尔失德也不是不可原谅的。只是我们不能长久地心存虚伪与狡诈，不能习惯性地离德背道，否则我们便生存不了太长时间。因此，我们的根本不是戒除欲望，也不是紧追道德，最关键、最根本的是我们的心向。我们既不做美玉，也不做顽石，我们只需做我们自己，保留我们那颗拥有正义的心灵，并使它更清澈、更坚实。

第四十章 有生于无

反者[①]，道之动；弱者，道之用。天下万物生于有[②]，有生于无[③]。

①反者：反，通“返”，循环往复。②有：指道的有形质，与第一章中“有名万物之母”的“有”相同，但不是有无相生的“有”字。③无：指超现实世界的形上之道。与第一章中“无名天地之始”的“无”相同，但不同于“有无相生”的“无”。

【译文】

循环往复是大道的运行规律，柔弱是大道发挥作用的方法。天下万物从实有中产生，实有从虚无中产生。

【智慧全解】

气候有四季轮回，月有阴晴圆缺，万事万物都在道的作用下周而复始地运行，由弱到强，由强到弱，周而复始，永不停息。道在发挥作用的时候，用的是柔弱的方法，它一切顺应事物的发展变化，任由万物自然而然地发生和生长，决不强加自己的意志，不去干涉，给万物足够的发展生长空间。道孕育了万物，而不据为己有，不使万物感受到自己的压迫力量。

如果我们善于观察就会发现，周围的事物都处于永不停息的运动变化之中。蝉衣挂在枝头，蝉躲到密叶深处；随着夏天的飞逝，它的生命走到了尽头，第二年夏天蝉声又起。

世界是一个矛盾体，由强弱、长短、高下、进退、大小、贫富、贵贱、生死、盈亏等对立的因素构成，任何事物从其产生的那一天起，就一直朝着对立的方向运行或转化，这是不以人的意志为转移的。有生就有死，有死就有生。生象征着有，死代表着无，而这个有是从无开始的。比如老子，世上本无老子，他出生后就有了老子，老子是从无到有的，有是从无中生出来的。而我们经常说无中生有，就是这个意思。

既然一切都是循环相生的，则弱必生强，强必转弱，弱是强的成长基础，强也会反成为弱的起点。因此，老子强调“守弱”，弱者道之动也。柔弱者之所以能胜刚强者，就在于弱者较容易“存活”下去，显现柔弱面，使其更易于保存生机。随着时间的发展，原先的弱者会转为强者，但变强以后又可能趋于弱，如何使自己永不转弱，也就是老子所谓的“守弱”之道。

天上最柔弱者为风，遇到薄纸阻碍就会转向，再小的缝隙也能屈身而过。但等到累积的力量成为飓风时，则拔树倒屋，无坚不摧。只是飓风一旦从海上登陆，也便是它转弱到消失的时候了。地上最柔弱者为水，任何再微小的阻挡，都可以改变其方向和形状。在圆形容器中，水是圆形的，在方形容器中，水又成为方形，似乎是最没有自我主张的东西。但一朝积成洪水之势，则再巨大的岩石都难挡其势。然而，一般弱势之人却很难懂得这层道理。通常很少人能忍住弱势，反而急着想要强大，以致常冒险乱闯、乱投机，走上提前败亡的道路。有的人在弱势时，固然能坚忍不拔，但只要自认为强大时，又急于表现自己的气势，而忽略了强必转弱的潜在危机，以致难逃败亡的命运。

懂得了这个道理，我们就能一分为二地看待这个世界，遵循对立的双方是可以互相转化的规律，静观其变，等待时机，运用有效的手段促成事态朝着有利于我的方向转化。

第四十一章　道隐无名

上士[1]闻道，勤而行之；中士闻道，若存若亡；下士闻道，大笑之。不笑不足以为道。故建言[2]有之：明道若昧，进道若退[3]，夷道若颣[4]；上德若谷，广德若不足，建德若偷[5]，质真若渝[6]。大白若辱，大方无隅[7]，大器晚成。大音希声[8]，大象无形[9]，道隐无名。夫唯道，善贷且成[10]。

①上士：西周的士大夫分为上士、中士、下士三个等级，此处指拥有上等智慧的人。②建言：立言的人。③退：倒退。指探询事物本原的逆向特征。④夷道若颣：平坦的道好似崎岖。夷，平坦。颣（lèi），崎岖不平、坎坷曲折。⑤建德若偷：刚健的德好像怠惰的样子。偷，意为惰。⑥渝：变污。⑦大方无隅：最方整的东西却没有角。隅，棱角。⑧希声：无声。⑨大象无形：最大的形反而看不见其形体。⑩善贷且成：道使万物善始善终，而万物自始至终也离不开道。贷，施与、给予，引申为帮助、辅助之意。

【译文】

上士听了道的理论，努力去实行；中士听了道的理论，将信将疑；下士听了道的理论，哈哈大笑。不被嘲笑，那就不足以称其为道了。因此古时立言的人说过这样的话：光明的道好似暗昧，前进的道好似后退，平坦的道好似崎岖；崇高的德好似峡谷，洁白的东西好似含有污垢；广大的德好像不足，刚健的德好似怠惰；质朴而纯真好像混沌未开，最方正的东西好似没有棱角；贵重大型的器物是最晚完工的，最大的声响反而听起来无声无息，最大的形象反而看不到形状。道幽隐而没有名称，无名无声。只有大道，才能使万物善始善终。

【智慧全解】

老子为了让人们明白道的功能是无穷无尽的，从不同的侧面描述了大道的形态。与生命同在的大道既能容纳光亮，也能容纳黑暗，好像暗昧得很，只有悟性高的人，听到道才会勤而修行；中等悟性的人，觉得似有若无；悟性低的人，听到道就大笑讥讽。

其实，大道是看不见的水。老子把这片烟波浩渺的水指给我们看，至于我们是否能看得见，那就是我们自己的事了。就像我们每天都在呼吸的空气一样，有多少人能够看见空气呢？就像我们周围的各种声音，又有几个人能看见声音呢？这就只能依靠我们自身的悟性了。悟性高的人不仅能看到水，还能了解水，更能适应水，最重要的是还能知道水是会淹死人的。而悟性一般的人，就会怀疑水是不是真的能淹死人，甚至怀疑水的存在。最可悲的是悟性低下的人，不仅不相信水会淹死人，甚至否认水的存在，结果只能是溺死在水中。

古时印度有一个小国，国王名叫镜面王。他信奉释迦牟尼的佛教，每天都拜佛诵经，十分虔诚。国内当时流行着很多神教巫道，多数臣民被他们的说教所迷惑，人心混乱，是非不明，很不利于国家的治理。镜面王很想让臣民们都皈依佛教，于是就想出了一个主意，决定用盲人摸象的现身说法来教育诱导他们。镜面王吩咐侍臣说："你去找一些完全失明的盲人到王城来。"使者很快就召集了一群盲人，并带领他们来到王宫。

使者走进宫殿，向镜面王禀报说："大王，您吩咐找的盲人现已带到殿前。"镜面王说："你明天一早带领盲人们到象苑去，让他们每人只能触摸大象身体的一个部位，然后马上带他们来王宫前的广场。"

第二天上午，镜面王召集所有大臣和数万平民聚集在王宫前的广场上，人们交头接耳，谁也不知道国王将要宣布什么重大的事情。不一会儿，使者领着盲人们来到镜面王的高座前，广场上的人们顿时安静下来。镜面王向盲人们问道："你们都摸到大象了吗？"盲人们齐声回答说："我摸到大象了！"镜面王又说："你们每个人都讲述一下大象是什么模样的！"摸到大象腿的盲人首先站出来说："禀告圣明的国君，大象就像一只盛漆的大圆桶。"摸到大象尾巴的盲人说："大王，大象应该像一把扫帚。"摸到大象腹部的盲人说："大王，大象确实像大鼓。"随后，摸到大象头部的说大象像大勺子，摸到大象牙的说大象像牛角，摸到大象尾巴后部的说大象像棍杖，摸到大象耳朵的则说大象犹如簸箕。最后，摸到大象鼻子的盲人说："圣明的大王，大象实在像一根粗绳索。"一群盲人分成几伙，吵吵嚷嚷，争论不休，都说自己正确而别人说的不对。他们又纷纷到镜面王面前争辩说："大王！大象的模样确实像我说的那样！"这时，在场的臣民不禁大笑起来，镜面王也意味深长地看着众人笑了起来。

当你嘲笑这些摸象的盲人时，也应该认识到——我们每个人都是程度不同的瞎子，更严重的是我们还是程度不同的聋子。我们只能看见自己所能看见的，而看不见自己看不见的。我们只能听见自己所能听见的，而听不见自己听不见的。我们只能感觉到自己所能感觉到的，而感觉不到自己感觉不到的。这听起来有点像绕口令，然而事实就是这样。每个人看到的、听到的和感觉到的都有所不同，所以人与人的世界是不同的，处世态度也不同，最终使人们的发展也不一样。胸襟宽广、悟性高远的人可以展望山河，气吞万里如虎；心胸狭窄、悟性低下的人则会把一粒芥菜籽看成大山。

在现实生活中，人们或粗俗或高雅，或单调乏味或幽默风趣，面对形形色色的人，我们该怎样和他们交往呢？有的人采取了极端的方式，干脆不和低俗之人交往，摆出一副自命清高的架势，见了粗俗之人就冷脸相对。其实，他这是忘记了什么是真正的高雅，不自觉地将自己推向了低俗的深渊。为什么不能做一株出淤泥而不染的莲花呢？如果我们真有莲花的高洁，就应该以自己的品行去感化别人，使他们慢慢脱离低俗。这才是最好的处世方式。

第四十二章 和气积中

道生一①，一生二②，二生三③，三生万物。万物负阴而抱阳④，冲气以为和⑤。（人之所恶，唯孤、寡、不穀，而王公以为称。故物或损之而益，或益之而损。人之所教，我亦教之。强梁者不得其死，吾将以为教父。⑥）

①一：万物皆由一开始，它既是第一也是唯一，老子用以代替道这一概念的数字表示，即道是绝对无偶的。②二：二是偶数，是对称数字，事物有对称后才有孕育，如阴阳、雌雄等。阴阳二气所含育的统一体即是“道”。因此，对立着的双方都包含在“一”中。③三：即由两个对立的方面相互矛盾冲突所产生的第三者，进而生成万物。④负阴而抱阳：背阴而向阳。⑤冲气以为和：阴阳二气的互相激荡下形成新的和谐体。冲，交冲、激荡。和，化合。⑥一说此数句与文义不符，疑为错简，当删。

【译文】

道生初始的一，初始的一又生出阴阳的二，阴阳二气相交而生三，混合的三生万物。万物背阴而向阳，并且在阴阳二气的互相激荡下形成新的和谐体。（人们最厌恶的就是“孤”、

“寡”、“不穀”，但王公却用这些词来称呼自己。所以一切事物，如果减损它反而得到增加，如果增加它反而得到减损。别人这样教导我，我也这样去教导别人。强横霸道的人死无其所，我把这句话当做施教的宗旨。）

【智慧全解】

老子在这一章讲了大道的衍生规律：大道生出了一，一生出了二，二生出了三，三生出了万物。和第一章里所说的意思相同，大道之无而生出了一，一而生出了天地的二，二生出了三，三衍生出了宇宙万物。我们从而可以推断出万物都在道中，既然万物都在道中，那么万物自然会怀抱着天，背负着地，天为阳，地为阴。老子将阴阳理论和道理合在了一起，难免有些晦涩难懂。读过《易经》的人都知道，《易经》中有“太极生两仪，两仪生四象，四象生八卦”句，其中的太极就是我们所说的道，它混沌未开、浑然一体，无所谓两仪，也无所谓阴阳。阴阳是相对立的，又是相互统一和融合的，它们的对立表现在二者相互排斥，是分隔裂变的产物；它们融合的表现是二者本是一个物体，来自同一种物质——太极，也就是道，就是一。正因为它们的这一特性，我们才可以将它们揉在一起而成为“和气”，天气阳而地气阴，万物生于天地间，自然带有阴阳二气。万物之所以生是因为阴阳相合而生成的和气所致。和气使万物得以安宁和生生不息。

而人类也是由阴阳而生，所以和气也是阴阳相会，才是人类的至高品性，才是合乎大道规律的。我们都知道和气生财，和气是我们得以和睦相处的根本，是人与人、人与物和平共处的基础。这种根本和基础是建立在阴阳相融的基础上。但是，阴阳除了相融还有对立，也就是说还有矛盾产生，那么，我们应该如何对待这种矛盾呢？这就不是简单的和气可以解决得了的，和气只会使矛盾简单化，只能让矛盾不恶化。要想从根本上杜绝矛盾的发生，或者说避免产生矛盾，只有依靠老子所说的

“损之而益”，也就是我们俗话说的“吃亏是福”。

从做人做事的角度来看，“满招损，谦受益”、“天道忌盈，卦终未济”，这些思想对中国人的生活方式影响很大。虽以虚无为本，认为天地之间都是空虚状态，但是这种空虚却是无穷无尽的，万物就是从这种空虚中产生。

人们凡事都要求十全十美，绞尽脑汁，企图达到自己的目的。其实，任何事都不应妄想登峰造极，因为有上坡就必然有下坡，有上台就必然有下台，事情到了一定限度必然会发生质的变化。一件事成功了如果不及时总结，保持清醒的头脑，反而骄傲自满，沉溺在过去的成功之中，就可能使事物走向它的反面。

从另一个意义上说，功业不求满盈，留有余地，也是一种处世方法。比如对于钱财家业求多求尽；对于功名地位求高求上，不知急流勇退。前者不知保持人的本性而成为守财奴，后者不知预留几分余地才会安全，那么正应了古圣先贤的至理名言，历史教训就会再现。

一般来说，人们都喜欢风和日丽的天气，而憎恶阴雨潮湿的天气，也就是趋阳避阴；谁都不喜欢鳏寡孤独，不喜欢被人遗弃，而王侯公卿却喜欢称呼自己为“孤、寡、不谷”，为什么会这样呢？他们这是自谦的说法，其实他们本身并没有脱离“和气”，他们越是自谦，越是能得到众人的拥护和尊敬，也就是损之有益。我们说“和气生财”、“家和万事兴”，这里的“和”就是和气，也可以称为人气。一个人气旺的人，不计较个人得失，不贪图小便宜，自然少了很多痛苦和烦恼。因此，我们没有必要为一时的得失而大喜大悲，即便我们正处于人生的低谷，有很多不如意甚或被耻辱包围，面对这样的窘境，我们只有冷静、平稳、和气地面对，才能战胜狂风骤雨，迎来美丽的彩虹。

第四十三章 不言之教

天下之至柔，驰骋①天下之至坚。无有②入无间③。吾是以知无为之有益。不言之教④，无为之益，天下希⑤及之。

①驰骋：驾驭。②无有：触摸不到的东西。③无间：没有空隙。④不言之教：无言的教诲。⑤希：通“稀”，稀少。

【译文】

天下最柔弱的东西，能驾驭天下最坚硬的东西。无形的力量可以穿透没有间隙的东西，我因此认识到顺应自然无所作为的益处。无言的教导，无为的益处，天下很少有人能做到。

【智慧全解】

这一章紧接着上一章的论述，继续阐述柔和无为的妙处。什么是天下至柔之物呢？毫无疑问，水是至为柔软、顺从的东西，我们在前面的章节中已经论述过关于水的一些特性，它柔顺得可以任凭我们把它放到不同的器皿中，它泰然自若、无欲无求。

“水滴石穿”，从不可知的宇宙洪荒年代起，水就开始以自己的柔顺对强硬攻无不克了，它几乎侵占了所有的领域：陆地、平原、丘陵、沟壑、沼泽、低谷、深潭，水成了万物的生存之源。作为万物之灵的人类，也同样依赖水的哺育才得以生存。可以说，水是孕育我们的源泉，没有水我们就无法孕育生长，也无法在世间存活下来。水有如此大的作用，但它却从不居功自傲，而是表现出无为、素朴、默然的柔和状态。

水的柔性品质表现在，它滋养万物，却甘居卑下；舍弃自己的形状，却能随物赋形，成就一切形状，比如放在方框里它是方的，放在桶里它是圆柱形的，灌进球里它是球形的……有什么样的模子，它就能成为什么样的形状。水是天底下最富于变化的东西，它既可以化作云霓、雨雪，驰骋于九天之上；也可以形成地下河，暗涌于九地之下；还可以化为冰川，让长江、黄河等天堑变坦途。它柔弱至极，却能量巨大，它能汇成江海，奔腾咆哮；也能劈开山岳，击碎岩石，冲垮堤坝，展现其气吞山河、雷霆万钧、所向披靡之势；还可以细水长流，水滴石穿，成就其潜移默化之功。

其实，世上这种无为的柔弱战胜有为的刚强的例子有很多，之所以会发生这样的事情，就是因为这些柔软的事物侵入到了刚强的事物内部，从里面使它们腐朽变质，使它们失去抵抗力。石头说碎就碎，人说死就死，房子说倒就倒，都是因为这些看不见的柔软事物的侵入。刚硬的东西不怕刚硬，怕的是柔弱，它尤其怕柔弱侵入内部。

公元前203年，刘邦裂地分封韩信为齐王，封彭越为梁王，之后二王助刘邦大战西楚霸王项羽，使项羽四面受敌，转而南撤，退至垓下（今安徽灵璧），刘邦的大军则随之追了上来。

刘邦命韩信统领三十万大军，韩信布下十面埋伏，将项羽重重包围在垓下。此时，项羽尚有十万兵马及八千子弟兵，他坚守大营拒不出战，韩信一时无法取胜。只是楚军被困的时间一久，粮食渐渐吃光，隆冬之际寒风凛冽，兵士们衣服单薄，饥寒交迫，军心不稳。

一天晚上，正值夜深人静，突然从韩信的汉营中飘出一阵楚歌，且伴有箫声，甚是凄凉哀怨：“寒夜深冬兮，四野飞霜。天高水固兮，寒雁悲怆。最苦戍边兮，日夜彷徨……”

项羽听见后不禁大吃一惊，心想：“汉军难道已经完全占领楚地了吗？他们怎会有那么多的楚人？”

接下来，四面都是楚歌一片：“虽有田园兮，谁之与守？邻家酒热兮，谁之与尝？白发倚门兮，望穿秋水。稚子忆念兮，泪断肝肠……”听得楚军将士不禁凄然泪下，这悲凉凄苦的歌声使他们想起了家园，想起了自己的父母与妻儿……歌声彻底动摇了楚军的军心，三三两两的楚军士兵开始逃离楚营，到后来竟整批整批地逃跑，大将季布、钟离昧等也相继溜走，连项羽的叔父项伯也去投奔了张良。一夜之间，数万大军只剩一千多人。

项羽知道大势已去，与虞姬对酒当歌一番，虞姬遂拔剑自刎。一代枭雄项羽最后落得个英雄末路，自绝于江边。

可见，柔弱可以从容地化解强大。任何一种有形有质、刚健无缝的东西，内部都无数细小的、柔软的、无形的东西在驰骋，虽然我们肉眼看不见，但并不代表它不存在。当我们知道了自然无为的真谛，并能自然柔顺地实践，只要无声的示意、无形的动作就可以得到最大的收益。

第四十四章　知足常乐

名与身孰亲？身与货孰多[①]？得与亡孰病[②]？甚爱必大费，多藏必厚亡[③]。故知足不辱，知止不殆[④]，可以长久。

①身与货孰多：生命和财物哪一样更为重要。货，财富。多，重、重要的意思。②病：有害。③多藏必厚亡：过于积累财富就必定会招致惨重的损失。亡：损失。④殆：危害。

【译文】

名誉和生命哪一样更值得珍惜？生命和财物哪一样更为重要？得到名利与丧失生命哪一个更有害？过分珍惜名利就必定要付出更大的代价，过于积敛财富就必定会招致更为惨重的损失。所以说，知道满足就不会受到屈辱，知道适可而止就不会产生危害，因此能长久生存。

【智慧全解】

人的欲望是无止境的，永远也不可能满足。一个人假若没有体道、悟道的“满足”，他是永远不会满足的。有了相应的环境和条件，欲望就来了，就又不满足了。饥肠辘辘之时，只想要粗茶淡饭充饥而已；有粗食思细食，有素食思肉食，吃了猪肉想吃鸡肉；吃了低等动物还想吃高等动物克制贪欲的方法只有一种：净化人的心灵，遏制人的本能，恢复人的本性，回归自然，悟道体道。

名誉和生命哪一个更值得我们亲近？财富和生命孰轻孰重？得到和失去哪个害处更大？老子在此向我们提出了上述几个问题，这是几个棘手但又必须面对的问题，如何将这几个问题回答圆满并且做到身体力行，并不是那么容易的。

老子向我们表明了自己的观点：人应该尊重和珍惜自己的生命，对待名利和财富要淡然处之，不可无限制地追求，要知足常乐，不可贪婪成性。

和珅是一个众所周知的大贪官。由于精通溜须拍马，他经乾隆帝一手提拔，很快便飞黄腾达，成为一等公、首辅大学士、领班军机大臣，身兼多个要职，而且荣为万岁爷的亲家翁，满门显贵，位极人臣，真可谓达到了荣华富贵无以复加的程度。

乾隆晚年沉迷于文治武功，自处安逸，喜恋声色，又连年用兵，大兴土木，四处巡游，耗资巨大。和珅乘机中饱私囊，这是其家财的主要来源。加之全国贪污风气盛行，各地官员争相行贿和珅，以求保护；各级将领甚至克扣军饷，用来行贿；士大夫欲往上钻营者，也投其所好。和珅贪得无厌，自由出入皇宫，见有喜好之物，直接拿起带走；四方贡物，最好的送和珅，其余的才送入宫中。其党羽、家人，甚至差役，也都到处招摇，贪污受贿。

乾隆禅位后仍掌大权，和珅专权贪纵依旧。嘉庆皇帝碍于父亲对和珅的偏宠，容忍着他的种种贪纵行为，以礼相待，甚至在朝堂上不直接叫他的名字，有人弹劾时也每每为他开脱。嘉庆四年正月初三，乾隆寿终正寝。此后，朝中大臣上疏嘉庆，弹劾和珅不法之事。嘉庆便于正月十一日宣读遗诏之时，传旨逮捕和珅并治罪。

当查抄者把查抄和珅家的清单拿来时，众人看了无不吃惊。仅据籍没入官的一百零九号本银，就可抵可抵日后甲午战争、庚子战争两次赔款的总额。也曾有人计算，乾隆时，清廷岁入为七千万两，和珅为相二十年，他的这部分家产有八亿两之巨，比清廷十年收入的总和还要多。和珅死了，家产籍没了。当时民间流传着这样一句话："和珅跌倒，嘉庆吃饱。"老子说的"甚爱必大费，多藏必厚亡"也正是这个道理。这种"大费"和"厚亡"，都是不知足惹出来的大祸。

正所谓"人为财死，鸟为食亡"，这句话形象地说明了人和动物都是有贪欲的，正是这种贪欲导致我们的行为过分执著，背驰大道的原则，成为逆道的亡者。如果我们想顺道而生，并且没有太多的痛苦和烦恼，就要在选择时用智慧克制住自己的贪欲，让自己的每一次选择都符合大道的德性，都像水一样柔软自然地流向低处，保持一份较低的心态，收敛自己的欲望。如此，我们的一切行为，贪财也好，图名也罢，才不会过分执著，才不会超越和气无为的界限，才会知道满足。

过度的贪婪不是好事，老子说："金玉满堂，莫之能守；富贵而骄，自遗其咎。"纵然贪得万贯家财，也是生不带来死不带走，还要终日提防遭人暗算，劳心劳力，睡觉都睡不安生。还是懂得知足好，不招人嫉妒，自己也心安，这才是做人的常乐之道。

名与身孰亲？身与货孰多？得与亡孰病？
甚爱必大费，多藏必厚亡。故知足不辱，知止
不殆，可以长久。

第四十五章　大成若缺

大成[1]若缺，其用不弊[2]。大盈若冲[3]，其用不穷[4]。大直若屈[5]，大巧若拙，大辩若讷[6]，大赢若绌。静胜躁，寒胜热。清静，为天下正[7]。

①大成：最为完满的东西。②弊：残破、破败。③冲：虚、空虚。④穷：极尽。⑤屈：同“曲”弯曲。⑥讷：拙嘴笨舌。⑦天下正：天下太平。正，平正。

【译文】

最完满的东西好似有残缺一样，但是它的作用永远不会衰竭。最充盈的东西好似是空虚一样，但是它的作用是不会穷尽的。最正直的东西好似要弯曲一样，最灵巧的东西好似最笨拙，最卓越的辩才好似不善言辞一样，最大的赢利好像亏本。清静可以战胜躁动，寒冷可以战胜暑热。清静无为才能使天下太平安宁。

【智慧全解】

这一章主要论述的是人格形态，在老子看来，大成、大盈的人若缺、若冲。什么是大成？对它的理解有两种：一是最圆满的东西；二是获得了极大成就或成功。何谓大成若缺？可以理解为一个获得了极大成就的人要表现得有所欠缺。为什么要表现得有所欠缺呢？这不是人为地让自己欠缺，而是自身要保持欠缺，这是他自身的需要，因为只有这样他才能保持自己的成就发挥的作用永不衰退。

因此，作为某一事业开创者，一定要留有余地，让别人可以继承发展，不要大树压死草，更不要盛名之下其实难副，应当随时开创新的境界，解决新的问题，而不固守成就。比如，汉朝的韩信贪恋名利，当刘邦已经取得天下，需要文治而不是武治时，他还不愿交出兵权急流勇退，最后引来杀身之祸。毕加索是西班牙的大画家，终生都在探索新的绘画表现形式，创立了许多作画的方法，但却不成熟。他的学生沿着他开创的绘画道路发展下去，形成了多种流派，而毕加索始终都是他们的宗师。

我们都知道名利和财富是好东西，也知道名利和财富是得来不易的，在努力追求的过程中，以及到手拥有的时候，都伴随着烦恼和痛苦。有的人幸运地得到了，有的人不幸没有得到，甚至有的人悲哀地死去了。所以，老子告诫我们，只有戒除贪欲才能获得幸福，否则就会害了自己。不管你是得到了还是没得到，都是一样。但是，有多少人能理解呢？又有多少人能够做到呢？

老子主张要像柔水一样与世无争，但并不是说要任人宰割，而是没人能与之争抢。机巧也是如此，它本身并没有变，只是披了一件笨拙的外衣，这样的外衣有利于保护自己。

第四十六章　知足常足

天下有道，却走马以粪①；天下无道，戎马②生于郊③。罪莫大于可欲④，祸莫大于不知足，咎⑤莫大于欲得。故知足之足，常足矣。

①走马以粪：用战马耕种田地。粪，耕种、播种。②戎马：战马。③生于郊：指牝马生驹于战地的郊外。④可欲：放纵欲望。⑤咎：过失、罪过。

【译文】

天下有道的时候，最好的战马都用来耕地。天下无道的时候，母马也要在战场上怀驹。最大的罪过就是引起贪欲，最大的祸害就是不知足，最大的痛苦就是贪得无厌。所以，以知足为满足的人，才是永恒的满足。

【智慧全解】

常言道：“自私自利为万恶之源。”自私自利有各种各样的表现，其根源就是永不知足的贪欲占有，或叫“贪得无厌”。老子从天下无道、战争频繁说起，打起仗来，连怀孕的母马都要役使沙场，足见其残酷。战争是人类利益矛盾最尖锐的表现。挑起战争者，无不带着狭隘的功利目的，特别是掠夺性的战争，奸淫掳掠，企图以武力征服对方，不管打着什么旗号，都是对人类最大的犯罪。

老子直达根源，说明无道必然缺德。而德行最坏的，莫过于犯罪，给自己和他人带来莫大的祸害。现代社会的道德观，只给人类自身的行为作出规范，而不直接对人类自身的“可欲”作出规范。因此，尽管社会道德规范越来越多，也越来越具体，但收效却甚微，相反，私欲却越来越膨胀。

老子道德观的彻底性，就是直达心源。在他看来，“可欲”成为最大的罪恶，“不知足”成为最大的祸害，而贪得无厌则成为最大的恶根。这并非夸大其词。

老子分析了战争的起因，认为战争是由于统治阶级的贪婪和永不知足引起的，要想消灭战争，就必须从统治阶级的思想上下工夫，让他们清醒地认识到战争并不能使国家强大，反而会削弱自己的统治。统治者只有清醒地认识到这一点，才会收敛贪婪的欲望，实行无为而治。无为而治是合乎大道的，合乎大道天下就会太平安定，否则就会战争频发，百姓会战死沙场。

当然，从世俗的角度看，正常的欲望乃是人类进步的一种动力。如果人类不想住上高楼大厦，恐怕还停留在穴居树巢时代。如果人类没有“顺风耳”、“千里眼”等欲望幻想，恐怕也不会有今天的电信、电视、电脑等物质文明。人类这些正常的欲望，应该说“不知足”才对，这与老子的哲学是否相悖？老子的哲学是否跟现代生活格格不入呢？答案是否定的！身处现代社会，“可欲”、“欲得”而“不知足”，会造成对他人、对社会的祸害，这是不言而喻的。社会上的人际关系，应当是和谐的、相助的、圆融的，发展自己的同时也发展他人。如果把自身的“幸福”建立在他人痛苦的基础上，又永不知足，那么，勾心斗角、尔虞我诈、腐化堕落、偷盗抢劫、谋财害命、贪赃枉法等一系列丑恶现象便会随之产生，且愈演愈烈。人类要想再进步，除了救治人心，增强抑制私欲的能力之外，别无他路。从这个角度体悟老子所说的“知足之足，常足矣”，就具有特别深远的意义。

我们来看这样一个故事：一位智者和几个朋友一起住在一间只有七八平方米的小房子里，有人看他总是乐呵呵的，便问他：“那么多人挤在一起，还高兴什么呢？”智者说：“朋友们住在一起，随时可以交流感情、交流思想，难道不是值得高兴的事吗？”

陆陆续续地，朋友们都成了家，屋里只剩下他一个人，但他还是整天笑口常开。又有人问他：“你一个人孤孤单单的，有什么好高兴的？”他说：“我有很多书啊！每本书都是一位老师，和这些‘老师’在一起，难道不令人高兴吗？”

几年后，这位智者成了家，搬进公寓楼住一层，仍是一副快乐无忧的样子。有人便问：“你住一楼还能快乐吗？”智者说：“一楼多好啊！进门就是家，搬东西很方便，朋友来访很方便……尤其让我满意的是，可以在空地上种草、养花。”

又过了一年，这位智者把一层让给了一位家里有偏瘫老人的朋友，自己搬到楼房的最高层，而他仍是快快乐乐的。朋友问他：“住顶楼有哪些好处呢？”他说：“好处多着呢！每天上下楼几次，有利于身体健康；看书、写文章光线好；没有人在头顶干扰，白天黑夜都很安静。”

贪婪欲求是一个无底洞，我们为欲求所付出的代价是无法估量的，那么，为什么我们不能吸取教训，从贪婪中解脱出来呢？大道的德性就是无欲无求，我们只有遵循大道，才能合乎大道的德性，做到无欲无争，无欲无争是人生快乐的源泉。我们常说知足常乐，快乐是知足带给我们的最大奖赏。让我们记住这样一句话：世界可以满足我们的需求，但无法满足我们的贪欲。

第四十七章　不行而知

不出户，知天下；不窥牖[①]，见天道[②]。其出弥远，其知弥少。是以圣人不行而知，不见而明[③]，不为[④]而成。

①牖（yǒu）：窗户。②天道：指天气时辰有节律地变化。道，运行轨迹。结合第四十章便明白：气候的变化（运动）是无限的循环往复。③不见而明：意为不窥见而明天道。④不为：无为、不妄为。

【译文】

了解大道的人足不出户，就能够推知天下的事理；眼不望窗外，就可以认识日月星辰运行的自然规律。越向外奔逐的人，他所知道的也越少。所以，得道之人不需远行就能够预知，不用察看就能明了事物，不刻意作为而可以有所成就。

【智慧全解】

这一章老子不是在讲什么未卜先知或先知先觉的怪事，而是在讲哲学抽象思维的作用。人类运用哲学的抽象思维，可以抓住世界上许多规律性的东西，认识了事物的客观规律，也就把握住了事物的发展进程，不但可知其现在，也能推算其过去，还能预测其未来。

有些学者批评老子的认识论是彻头彻尾的唯心主义先验论的论著时，都要引“不出户，知天下”作为论据，这样的认识其实是一种误解。老子是一位博学多识的人，他有着丰富的生活实践经验。在之前的若干章节中，我们可以看到许多涉及社会生活和自然界的内容，这些都表明老子极为注重生活实践。更重要的是，老子是极富智慧之人，是天才的哲人。他的意思是，并不是什么事都要经过本人的实践才能认识，那是不可能的，因此要重视理性认识，间接认识。“不出户”、“不窥牖”这类极而言之的强调手法，从古至今都是普遍应用的。

生活中，我们有时难免会弄巧成拙，原因是什么呢？主要是因为我们不是圣人，不能做到和大道同步，无法合乎道的德行；我们在做事的时候会加入自己的主观臆断甚至妄想，所以常常与大道背道而驰，最后不但达不到预期目的，还会南辕北辙，距离目标越来越远。一提到南辕北辙，一般人都认为只有傻子才会干出这样的事，其实不然，脑子正常的人也常常犯这样的错误，我们常常自以为很聪明，所以总爱投机取巧。

人类总认为自己是万物之灵，是不同于其他事物而自成一体的，是不可能与万物等同的，因此一直在想如何能战胜自然，摆脱自然对自己的束缚。可这就像口渴了就要喝水，肚子饿了一定要吃饭一样，是不可能违逆的，因为人类也是自然的一员，口渴和肚子饿也属于自然规律。其实，自然规律根本就没想约束人类，它的一切都是自然而为的，就像人长眼睛是用来看东西、长耳朵是用来听声音一样，都是自然而然的。只是人类自己有了分别心，认为自然规律在控制自己，于是拼命想甩掉这个包袱，但是又甩不掉，就像我们不可能让眼睛听声音，让耳朵看东西一样，是不可能改变的事实，为此我们总是在自寻烦恼，自找痛苦。

历史上许多大军事家，远古的如姜尚、孙子、司马穰苴，中古的如张良、诸葛亮、李靖等，在出任主帅之前，他们几乎没有打过仗，但指挥起千军万马来却潇洒自如，运筹于帷幄之中，决胜于千里之外。他们都是以小知大，以近知远，通灵宇宙之道的人。实际上，天地万物无论其种类有多少，内部组织结构有多么繁杂，都离不开一个“道”字，都离不开一个“理”字，掌握了这个“道理”，也就掌握了事物发展变化的规律。

自然大道是无所不在的，在你的体内，在你的周围，在你的头上，在你的脚下，只要用心，你在任何一个地方都能发现它。道是宇宙的大知，体现了宇宙万物总的存在状态和运动方向。在任何一件小事上，只要对它深入探索，透过表面现象的联系去洞察本性之间的联系，宇宙万物的根源就可以体悟出来。

不出户，知天下；不
窥牖，见天道。其出弥远，
其知弥少。是以圣人不行而
知，不见而明，不为而成。

第四十八章　为道日损

为学日益[①]，为道日损[②]，损之又损，以至于无为。无为而无不为[③]。取[④]天下常以无事[⑤]，及其有事[⑥]，不足以取天下。

①为学日益：此处的“学”当指政教礼乐。日益，指增加人的知见智巧。②为道日损：此处的“道”指自然之道、无为之道。损，减损。③无为而无不为：不妄为，就没有什么事情做不成。④取：意为治理、摄化。⑤无事：即无扰攘之事。⑥有事：繁苛政举、骚扰民生之事。

【译文】

追求学问的人，其知识一天比一天增加；追求大道的人，其欲念一天比一天减少，减之又减，一直到“无为”的境地。如果能够做到无为，即不妄为，任何事情都可以有所作为。治理国家要以不骚扰人民为治国之本，如果经常以繁苛之政扰害民众，那就不配治理国家了。

【智慧全解】

对知识的追求要不停地积累和发展，而对于道则恰恰相反，只有去除杂念。也就是说，当人类认识大道所建立的名相越来越少，才能离大道越来越近。“为学”和“为道”是完全对立的两个概念。

我们从小就是在不断的学习中成长，随着年龄的增加，知识越来越丰富，经验也越来越多。所以，我们是在学习中了解世界，探索和追求客观事物的发展规律的。它对我们的生存和发展是有着重要意义的，因此要在不断增长中积累和巩固。当我们的知识积累得越多，越接近认识自身和宇宙真理的时候，我们会发现知识是无尽头的，是永远不可能完结的。就像一束光，我们可能知道它的开始在哪里，但它的终点在哪里我们是无法知道的。而知识似乎连开始都没有，更不要说终点了，所以我们的学习只能是在日益加深中，不断地被探索。

知识从宏观意义上而言，能使人们对自身和宇宙的认识更接近真理。但是，知识的无止境性决定了我们永远也不可能到达真理的所在，而只能“望理兴叹”。老子比我们更早且更清醒地认识到了这一点，他理智地从对外界的追求转向了对内在的追求。

人类欲望的无止境决定了我们对外界的追求永远也没有终点，而且人类的贪欲是无限膨胀的，这就决定了人类永远也不会得到满足，不满足就会懊恼甚至心生邪念，最后走上人生歧途。人生的短暂不容许我们犯太多的过错和留下太多的遗憾，所以应该时刻剔除心中的杂念，保持一颗平常心，平常心即道。修道之人在修道的过程中，欲念一天天减少，直到最后达到无为的境界。

西汉昭帝时，大臣疏广和他的侄子疏受都是高官，闻名朝野。疏广为人正直，从不随便接受他人钱财，更不收取贿赂，为官一生可谓两袖清风。

一次，有位朋友去看望疏广，见他吃着粗茶淡饭，不禁说道：“你官位显赫，却过着如此清贫的生活，不怕人家笑话吗？当今朝廷上下，有哪个像你这样的？”

疏广说：“如果我做个贪官，就不会这么清贫了，但是也不会有今天的地位。我现在苦是苦了点，但日子却过得舒心，这有什么不好呢？”

与疏广同朝为官的人，个个家财万贯，十分富有。他们见疏广清贫寒酸，都笑话他不会敛财，有的还开导他说：“为官者应该有为官的威严，你现在过得跟老百姓一样，没有了威严，别人就会小看你，轻视你。身在官场，捞些钱还不容易，何苦过这等苦日子？”

疏广虽不当面反驳他们，但心里却很是不屑，他告诫侄子疏受说：“当一日官，就要想着民之疾苦。若只为贪财，就背离了为官之本。你一定要记住，‘贪’字下面是一个火坑，一旦染上了它，就会引火烧身。”疏受在疏广的教导下，也是一生清廉，名声很好。

后来，为躲避官场上的凶险，疏广与疏受一同辞去官职，双双还乡，皇上和皇太子各赠他们黄金五十斤和二十斤。回到家乡后，疏广用这些黄金招待乡亲们，天天安排酒宴。疏受劝他不要把钱都花光，“这些钱是皇上所赐，我们应该保留下来一些，日后好传给子孙。”

疏广却不以为然，他说：“钱这东西多了也不好，反而会招来祸端，富家子弟大多难成大器，这都是优越的家庭条件养成了他们好吃懒做的本性。再说，树大招风，钱多遭忌，倒不如一日散尽，求得平安。”就这样，疏广在家乡平安地度过了晚年，而他的旧日同僚却有很多因贪婪而获罪。

这就是贪与不贪的不同结果。人往往就是这样，对功名、财富的追求永远也不会满足，欲望就像一条锁链，连着一个永远也无法到达的终点。一个心有贪念的人，胃口只会愈来愈大，敛取的手段也会愈加胆大妄为。贪欲足可以毁身，人一旦起了私心贪念，被贪婪控制了心灵，就会成为被物欲操纵的躯壳，变得不自知，奢望不属于自己的东西。久而久之，就会使自己品格低下，最终一无所获。

虽然很多人都知道，私心和欲望是人类的两大弱点，但这并不意味着每个人都能抵挡住物欲的诱惑。想要降服这两个魔鬼，不仅需要超凡的智慧，看清私心与欲望的危害，还需要有坚强的意志、顽强的毅力。两者缺一，都难以抵抗私欲的引诱。

生活中，那些过于自私或物欲过强的人，多半会遭到别人的排斥，常常由于自私自利而自毁前程。所以，我们要学会做金钱的主人，好好利用它来丰富我们的人生，而不要沦为金钱的奴隶，将灵魂签约卖给魔鬼。

为学日益，为道日损。损之又损，以至于无为。无为而无不为。取天下常以无事，及其有事，不足以取天下。

第四十九章　圣人常无心

圣人常无心①，以百姓心为心。善者，吾善之；不善者，吾亦善之，德②善。信者，吾信之；不信者，吾亦信之，德信。圣人在天下，歙歙③焉，为天下浑其心④。百姓皆注其耳目⑤，圣人皆孩之⑥。

①常无心：意为长久保持无私心。②德：通“得”。③歙（xī）：意为吸气。此处指收敛意欲。④浑其心：使人心思化归于浑朴。⑤百姓皆注其耳目：百姓都专注于自己的聪明。⑥皆孩之：使动用法，即皆使之孩，圣人使老百姓都恢复到婴儿般的状态。

【译文】

圣人常常是没有私心的，以百姓的心为自己的心。善良的人我善待他，不善良的人我也善待他，这样就可以使人人向善。守信的人我信任他，不守信的人我也信任他，这样就可以使人人守信。有道的圣人在其位，收敛自己的欲念，与天下人心意相合。百姓们都专注于自己的聪明，对人使他们回复到婴孩般纯真质朴的状态。

【智慧全解】

以“百姓心为心”，这是老子民本思想的集中体现。老子说，得道的圣人自己没有私心，而以百姓心为心，把百姓的心愿作为自己的心愿。他们将天地万物看成一体，在心中不作任何的分别。他们的圣明表现在对待任何人都没有私心，没有厌恶之心；他们以善良对待善良的人，也以善良对待不善良的人；他们对待诚信的人是诚信的，对待不诚信的人也同样诚信，没有分别。这就像大道一样，对待万物是同一个法则、同一个样子，不会厚此薄彼，更不会媚上欺下，它只会给所有事物以同样的恩泽。

《圣经》上有这样一个故事：有一次，耶稣带着弟子在山上讲道，听讲的信徒有好几千人。到了吃饭的时候，有的人有食物，有的人没有食物。耶稣让弟子将仅有的七个饼分给大家吃。那些有食物的人受到感化，也将食物献出来，与大家分食，最后大家都吃饱了。后来，人们都传说：耶稣用七个饼，让几千人吃饱了。

“用七个饼，让几千人吃饱”，这是何等超凡的能力！这是何等伟大的功劳！可是，立下大功、享有大名的人并没有在物质上付出多少，也没有在体力上付出多少，他只是无私而已，结果反而成就了大私。

有人会说：谁没有私心？难道大人物就一心为公，一点私心杂念也没有吗？我们应该注意到，老子提倡的先人后己、先公后私，绝非只顾他人不顾自己，更不是只办公事不讲私利。连自己该得的那一份也不要，不是一个傻瓜吗？耶稣，并没有拒绝当得之利。毕竟人都要吃饭、要生存，而且要吃饱吃好，营养充足才有精力去办公事。完全轻视私利怎么能行呢？

因此，无论私心或公心，人人都会有，但有层次之分，就像读书有年级之分、下棋有段位之分一样。同样是读书，小学生怎么能跟大学生相提并论？同样的道理，人人有私心，境界却大不一样。有的人故意混淆概念，好像大家都自私，谁也不比谁高尚。但是，虽然大家都自私，也有公心，摆到一起比较一下，差得就太多了，有的是“国际名牌”，有的是“假冒伪劣”。

有的人在私利与公利明显发生冲突时，总是优先满足私利。这是人之常情。有的人就低一等，马路上的井盖要搬去卖钱，电杆上的电缆要割去卖钱。井盖并未妨碍他走路，电缆也没有绊他摔跟头，为了一点点私利，竟不惜损害一大批人的利益，境界明显差多了。还有的人，为了私利去杀人越货、坑蒙拐骗，境界更低了一等。

按照老子后而先的逻辑反面推断，私心越重的人，所失越大。事实也是如此，那些自私自利，“拔一毛以利天下而不为”的人，他们的人际关系必然很糟糕，朋友厌弃他，同事冷落他，甚至亲人也背离他。不管他在利益方面的收获有多大，生活在一个冷冰冰的人际环境中，必然感到孤独、压抑，这已经是一大损失。至于那些为了私利而违法乱纪的人，时时受到法律的威胁，甚至因此丧失自由和生命，损失就更大了。

生活中，我们不能完全抛弃私心，但也应该把握一个原则：用正当手段实现私利，不取非分之得。实现梦想不一定非要残酷地争夺、尔虞我诈，有时只要拥有一颗爱心就足够了。因此，圣明的人会以自己善良和诚信的爱对待他人，同时也得到他人的信任与敬爱，我们会从中感觉到爱与被爱是相等的，像是从两面感受阳光的照耀。以善良、纯洁和诚信的爱对待别人其实也很容易，只要去掉你我的分别心，容纳他人，像圣明的人一样，用一颗没有私念和偏见的爱心去面对世界就可以了。

第五十章　摄生之道

出生入死[1]。生之徒[2]，十有三；死之徒[3]，十有三；人之生，动之于死地[4]，亦十有三。夫何故？以其生生之厚[5]。盖闻善摄生[6]者，陆行不遇兕[7]虎，入军不被甲兵[8]；兕无所投其角，虎无所用其爪，兵无所容其刃。夫何故？以其无死地[9]。

①出生入死：出世为生，入地为死。②生之徒：长寿之人。徒，类。③死之徒：属于夭折的一类。④动之于死地：动辄流血受伤而牺牲。动：动辄。死地：死亡的地方。⑤生生之厚：生活得过于优厚。⑥摄生：指养生之道，即保养自己。⑦兕（sì）：一种与犀牛相当类似的生物。⑧入军不被甲兵：战争中不被杀伤。⑨无死地：没有进入死亡范围。

【译文】

人出世为生，入地为死。属于长寿的有十分之三；属于短命的有十分之三；本来可以长寿但自己走向死亡之路的也占十分之三。为什么会这样呢？因为他们生活得过于优厚。据说善于养护自己生命的人，在陆地上行走不会遇到凶恶的犀牛和猛虎，在战争中也不会受到武器的伤害。犀牛对其顶不出自己的犄角，老虎对其身无法使用利爪，武器对其身没有办法使用锋刃。为什么会这样呢？因为他没有进入有死亡危险的领域。

【智慧全解】

生和死是很沉重的话题，对此很多人都采取回避的态度。生给我们带来欢喜，而死亡带给我们的是阴郁，很多人谈“死”色变。但无论我们如何惧怕死亡，死亡都不会对我们心生怜悯，它不会因为我们惧怕它而避开我们，它会在一个无法预料的瞬间降临到我们头上，这是谁也逃脱不了的。死和生相对而生，因为我们的降生，所以死亡也随之而来，无生也无死，有生就有死。

人类的平均寿命应该在百岁之上，可是，能够百岁而归，享尽天年的人，世间并不多见。特别是本该长寿，却因行为失检而折寿的人，也占了十分之三左右。老子认为，是人们自己的分别心、贪心、执著心使他们常常陷入郁郁寡欢的境地。人类是有思想意识的动物，思想意识的发达是人类摆脱蒙昧进入文明的标志，人类的智慧使人类有了分别心和私欲，私欲的无限膨胀与无法得到满足之间的矛盾是人类痛苦的根源。比如，我们都希望自己过得比别人好，什么都和别人比：人家有别墅、汽车，自己没有；人家拥有高学历，自己没有；人家有姣好的容貌、有价格不菲的名牌时装，自己没有；人家的老公聪明过人、出手阔绰，自己的老公却斤斤计较、愚昧呆笨……人家什么都有而自己什么也没有，思来想去，总觉得自己太失败，甚至觉得枉来世间走一遭，越想越憋屈，越想越觉得没意思，想来想去还是觉得生活对自己不公平，郁闷的情绪总是挥之不去，时间长了便会毁坏自己的身体，不折寿才怪呢！

那么，我们应该如何面对人生难免要面对的生死关呢？我们来看看庄子的做法。

庄子与妻子相亲相爱，十分融洽，二人相安无事地过了大半辈子。在他们都进入人生的暮年时，庄子的妻子因患重病，先于自己的丈夫去世了。

听到这个消息，大家都很悲哀，惠子作为庄子的朋友，很快赶到庄子家里。他一方面是来吊唁，另一方面是来安慰庄子，怕他伤心过度不知节制，也追随老妻而去。可是，当他来到庄子家里，却见庄子正若无其事地两脚着地叉开坐着，一边敲着盆，一边哼哼呀呀地唱着歌，脸上毫无悲哀的影子。看到惠子来了，他也不起来迎接，只是面无表情地点了一下头，仍然敲盆唱歌。

惠子见他如此薄情，不由得生起气来，满脸不高兴地对庄子说："你和你老婆生活了一辈子，她为你生养子女，操劳不息苦了一辈子，直至衰老而亡。可是她死了你不仅不哭，反而敲盆唱歌，显得这么高兴，叫大家难以理解，你这样做不是太过分了吗？"

庄子这才抬起头来，停止了敲盆唱歌，平静地对惠子解释道："我做得并不过分。你知道吗？当我妻子刚刚断气的时候，我也非常难过，放声大哭了一会儿，可是转念一想，她的逝去未必不是一件好事。在我看来，她的生命完全是和大自然融为一体的。活着的时候，是大自然赋予了她形体和生气；死去的时候，也像春夏秋冬四时运行那样，回归了大自然。生和死无非就是存在的状态不同罢了，现在她终于摆脱了活着时的辛劳忧烦，像酣然长眠那样躺在这里，什么心也不用操了，这对她来说该是多么好的事情！如果我这时还在旁边嗷嗷地哭个不停，显然是不懂自然之道，不通天命之意的做法。"

听了这些话，惠子若有所悟，感觉庄子的话确实有道理，于是他脸上的怒气消失了，微微地点了点头，说："唔，对，这似乎可以叫做'喜丧'！"

可见，对于生死，最好的做法是顺其自然，生的时候痛痛快快地生，不要自寻烦恼；死的时候安安静静地死，不必留恋和惋惜。如果一味贪生怕死，反而会更快地死去。战场上那些永往直前的人，是有生机的，只要打死了敌人，他就能生存；而那些贪生怕死、畏缩不前的人，要么被敌人消灭，要么被自己人所制裁。因此，面对人生，就看我们所持的是什么心态。如果我们能把生死当做一件平常的事情，就会懂得如何保全自己的生命，生存得更久一些；如果整天担心自己死掉，不能冷静度势，不马上死掉就不错了，还妄谈什么长寿。正如一句话所说，假如开心地活着是活，痛苦地活着也是活，那为什么不开开心心地活着呢！

出生入死。生之徒，十有三；死之徒，十有三；人之生，动之于死地，亦十有三。夫何故？以其生生之厚。盖闻善摄生者，陆行不遇兕虎，入军不被甲兵。兕无所投其角。虎无所措其爪。兵无所容其刃。夫何故？以其无死地。

第五十一章　尊道贵德

道生之，德畜之，物形之，势①成之。是以万物莫不尊道而贵德。道之尊，德之贵，夫莫之命而常自然②。故道生之，德畜之，长之育之，亭之毒之③，养之覆之④。生而不有，为而不恃⑤，长而不宰，是谓玄德⑥。

①势：万物生长的自然环境。②莫之命而常自然：不干涉或主宰万物，而任万物自化自成。③亭之毒之：使万物成熟结果。④养之覆之：使万物繁衍覆盖。⑤恃：依靠、凭借。⑥玄德：深厚的恩德。

【译文】

道生成万物，德养育万物，环境使万物成长，呈现出各种各样的形态。所以天下万物莫不尊崇道而珍贵德。道之所以被尊崇，德之所以被珍贵，就是由于道生长万物而不加以干涉。所以大道生成万物，大德畜养万物，使万物生长发育，使万物成熟结果，使万物繁衍覆盖。生育万物而不占有，施泽万物而不居功，长护万物而不主宰，这就是深厚的恩德。

【智慧全解】

我们知道万物都应顺应客观的自然规律生长、发展，客观的自然规律也就是我们的大道，老子称其为“道生之”，生下之后由谁抚养的问题是很关键的，生而不养必然灭亡，这是毫无疑问的。德刚好承担了这一职责，老子称其为“德畜之”。道和德共同构成了一个完整的道德体系，万物由道生由德养，这就如同生养我们的父母，我们怎会不尊敬他们呢？所以我们对道和德充满了敬畏，这不难理解。

大道就像母亲，大德则如同母亲的乳汁，世间万物在大道和大德的生养和抚育下成形、成长、成熟、衰老，直至死亡，死亡后再生成新的生命，生生死死，死死生生，万物就是在这种自然规律中循环往复，永无终止！大道和大德虽然像慈祥的母亲那样生养和抚育万物，但是它们从来不会居功自傲，也从来不去干涉万物的行为，而是任由万物按照自身规律自然发展。这就像我们将一粒种子扔到土壤中，没有去理睬它，任由它发芽、成长、开花、结果，不去修剪它，它长成什么样就是什么样。道德对万物没有一丝一毫的要求，又由于道德无形无影，万物也就根本无法回报。

《庄子》里记载：老子有个学生叫庚桑楚，他的学问见识都得到了老子的真传。老子西出函谷关之后，庚桑楚选择在北边的畏垒山隐居。三年之后，他居住的畏垒山一带获得了大丰收，畏垒山附近的村民相互传言：“庚桑楚刚来畏垒山，我们都微微吃惊感到诧异。如今我们一天天地计算收入虽然还嫌不足，但一年总的收益也还富足有余。庚桑楚恐怕就是圣人吧，大家何不像供奉神灵一样供奉他，像对待国君一样对待他？”

令人不解的是，庚桑楚听到大家的议论后，心里很不愉快，一点也没有高兴的意思。他的学生们问他：“老师，我们只听说过上古时期的帝王舜才能得到这样的尊敬，如今村民们这样对你，你为什么不高兴？”

庚桑楚教训他的学生们说："这有什么值得高兴的？粮食大丰收是自然规律运行所致，和我一点关系都没有。而且我听说道德修养极高的人，总是虚淡宁静地生活在斗室小屋内，而百姓纵任不羁全不知道应该做些什么。如今畏垒山一带的村民百姓私下里谈论，想把我列入贤人的行列而加以供奉，我难道乐意成为众人所注目的人吗？我正因为遵从老聃的教诲而对此大不愉快。"

大道遵循自然，决不强求，它在付出时从未想过会得到回报，即使所有的付出都得不到回报，它也不会有烦恼和怨怼。而人类却不同，人类在付出爱和关怀时，十分渴望得到别人的爱和关怀作为回报，一旦这种渴望得不到满足，就会心生怨恨，埋怨生活对自己不公平。有的人甚至会由爱生恨，做出极端的事情来，结果不但害了别人，也害了自己。

以下的小故事也许能给我们一些启示：

在一个暴风骤雨的夜晚，一对上了年纪的夫妇来到一家旅店，他们看起来十分疲惫，急于找到一个落脚的地方。当得知这家旅店已经客满时，夫妇俩的脸上露出极为失望的神情。年轻的伙计看着这对一脸倦容的夫妇，起身带他们到一个房间门前，说："实在抱歉，今天房间全满了，要是你们不介意的话，你们就睡我的床吧！"

"那你怎么办呢？"那对夫妇异口同声地问道。

"我可以睡地板。"年轻人无所谓地耸了耸肩。

第二天早上，夫妇俩付房钱时，年轻人坚持不收，说："我只是把自己的床借给了你们一晚，而我的床是不收费的，我不能收你们的钱。"

"年轻人，你很了不起！"那对夫妇发自内心地称赞他。

两年过去了，一天，年轻人收到一封信，信里附着一张到纽约的双程机票，邀请他回访两年前在那个雨夜借宿的客人。年轻人来到纽约见到了那位老人，老人把他带到一幢高楼前，对他说："年轻人，这是我为你盖的旅馆，你愿意做这家旅馆的经理吗？"

故事中的年轻人就是如今纽约首屈一指的奥斯多利亚大饭店的经理

乔治·波尔特，那位老人则是威廉·奥斯多先生。

我们常常会说，付出的同时不应强求回报，其实无私的真正意义在于付出的同时就已经得到了回报。正所谓“种瓜得瓜，种豆得豆”，我们在“播种”的同时，也种下了自己的将来，我们所做的一切都会在将来的某一时刻、某一地点，以某一方式在我们最需要它的时候得到回报。在报酬法则之外还有另外一种超额报酬法则，也就是说：“只要你在提供服务上多下工夫，你的回收一定会增加。永远多走一里路，永远做多于所应当做的，当你不断地付出，不断地付出多于你所应当付出的，你就一定会获得倍增的补偿。”

宇宙是圆的，想得到爱，就先付出爱；想得到快乐，就先献出快乐，只要播种终会收获，只问耕耘不问收获的人，没有什么事情做不成，也没有什么地方到不了。

第五十二章　天下有始

天下有始[1]，以为天下母[2]。既得其母，以知其子[3]；既知其子，复守其母。没身不殆[4]。塞其兑[5]，闭其门[6]，终身不勤；开其兑，济其事，终身不救。见小[7]曰明，守柔曰强[8]。用其光，复归其明[9]，无遗身殃[10]，是为袭常[11]。

①始：本始，此处指“道”。②母：根源，此处指“道”。③子：派生物，指由“母”所产生的万物。④没身不殆：终身都不会有危险。⑤兑：指口，引申为贪婪的欲念。⑥门：指门径。⑦小：细微。⑧强：强健、自强不息。⑨用其光，复归其明：光向外照射，明向内透亮。⑩无遗身殃：不给自己带来麻烦和灾祸。⑪袭常：承袭常道。袭：沿袭、承袭。

【译文】

天地万物本身都有起始，这个始作为天地万物的根源。如果知道根源，就能认识万物；如果认识了万事万物，又把握着万物的根本，那么终身都不会有危险。堵塞贪婪的欲念，关闭欲念的门户，终身都不会有烦扰之事。打开欲念的闸门，就会增添纷杂的事件，终身都不会安稳。能察觉细微的事理叫做明智，能持守柔弱就叫做刚强。运用事物的光明，反过来就会通晓事物的本质，不会给自己带来灾难，这叫做因袭自然之常道。

【智慧全解】

“天下有始，以为天下母。”老子反复强调天下万物都有一个开始，而万物都是始于道。因此，我们可以说道是生养万物的母亲，万物都是道的孩子。这种比喻比较形象，容易理解，也比较人性化。我们知道同是一个母亲的孩子也有好坏之分，性格各异。正因为有了好坏之分，所以有的人懂得尊敬自己的母亲，而有的人常常是“娶了媳妇忘了娘”，这种人必将受到道德的谴责，这是毫无疑问的。老子用母子关系来比喻大道和天地万物的关系，是希望我们要像孝敬母亲一样顺应大道。我们认识天下万物但不能离开总根源，不要向外奔逐，否则就会离失自我。在认识活动中，要除去私欲与妄见的蔽障，以真正把握事物的本质与规律。

“塞其兑，闭其门，终身不勤。”这句话的意思是指将自己的感觉器官关闭起来，将自己的心门也封闭起来，而不是真的要我们像死人一样不睁眼、不呼吸、不听声音，这只是一种夸大其词的说法。强调外界的诱惑会对我们造成种种伤害，因此我们不要妄想和妄为，妄想和妄为是违背大道的德行的，违背大道只会适得其反。

庄子讲过这么一则寓言：燕国有个地方叫寿陵，这个地方的人走起路来两脚八字朝外，身体摇摆蹒跚，很多外地人都说这种姿势非常难看。当地有个小伙子，一直因为自己难看的走路姿势而感到十分自卑，总想着有机会一定要学一种好看的走路姿势。后来，他听说赵国邯郸人走路的姿态雍容华贵，相当优美，决定去那里学习。小伙子很有决心，不顾山高路远，风尘仆仆地来到邯郸，果然是大开眼界。只见那繁华的大街上，每个人走路的姿势都十分优雅，举手投足之间无不显示出高贵的风度。小伙子有点自惭形秽，赶紧跟着行人模仿起来。

一个人已经不知不觉使用了十几年的走路方式，哪能说改就改？这个小伙子学了几天，感觉越来越别扭。别人上街都是悠然自得，闲庭信步，他却不是，每走一步都要想半天脚抬多高，向哪个方向抬，胳膊怎么甩，腰怎么扭，扭多大幅度……他学得可谓废寝忘食，但始终没有完全学会像赵国人那样走路，相反，他还把自己从前的走路姿势忘了个精光。等他想回燕国的时候，已经完全不会走路了，一抬腿就摔跤，最后他只能连滚带爬地回到燕国。

听了这个故事的人都会觉得这个小伙子很可笑，但你有没有仔细想过他的可笑在什么地方？其实，人类都有一个极其不好的习惯，就是总以自身的感受和观点来认识和判断世界，而不能够从事物的立场来观察世界的本质。也正因为如此，导致了我们的自负盲目，给我们带来了不少灾祸。其实，我们也一直在劝诫自己要做一个旁观者，站在事物的立场去看待事物，就像站在山顶看山谷一样。所以，我们经常说“旁观者清，当局者迷”，要站在客观的立场上分析和判断。但是，又有多少人能够做到呢？既然我们无法做到，说明我们还不够明智，我们要找出自己无法做到的原因，也就是认识这种恶习的根本。

我们心中有太多的杂念干扰着我们，使我们的心灵受到束缚，无法回归到清净自然的大道中去，也就无法真实地放飞自己的心灵，使它获得自由翱翔的能力。心灵总是被关在一个狭小的空间中，看到的是一小片天空，听到的都是单调的音律，又怎能了解世界的全部，又怎能看清万物的起始呢？就像井底之蛙，永远不知道天地的雄浑和宽广。如果你不想成为笼中鸟、井底蛙，只有摆脱杂念的困扰，冲出牢笼，跳出枯井，在广阔的天空自由飞翔，在宽广的大地自由驰骋，才能看清天和地的全貌，才能了解到万物的根始。

第五十三章　盗夸非道

使我介然有知①，行于大道，唯施②是畏。大道甚夷③，而人好径④。朝甚除⑤，田甚芜，仓甚虚；服文彩，带利剑，厌⑥饮食，财货有余，是为盗夸⑦。非道也哉！

①介然有知：微有所知，稍有知识。介，微小。②施：读音同“迤”，逶迤（wēi yí），此处指邪行、斜径。③夷：平坦，意为人生大道非常宽阔和畅通。④径：邪径。⑤朝甚除：朝堂台阶很多，形容朝堂装饰豪华。朝，朝堂。除，台阶。⑥厌：饱足、满足。⑦盗夸：盗霸，比强盗更横行霸道。

【译文】

假如我稍微有些智慧，就要在大道上行走，唯一担心的是走上邪路。大道虽然平坦，但人们却偏爱走捷径。朝堂装饰豪华，农田一片荒芜，仓库十分空虚。穿着锦绣的衣服，佩带着锋利的宝剑，饱餐精美的饮食，搜刮侵吞大量的财货，这无异于强盗头子的自我夸耀。这绝不是正道！

【智慧全解】

老子常常以寓言喻道，通过形象的比喻，让人悟入大道。本篇就是以“行于大道”来比喻宇宙自然大道浩浩荡荡，但人们却偏偏不遵道而行，反而背道而驰。像那些失道的执政者，骄横奢侈，寻欢作乐，贪得无厌，中饱私囊，致使田园荒芜，国库空虚。老子认为，这种失道的人，简直就是盗贼魁首，哪里配谈什么仁义道德！

历史上，凡是励精图治的圣君，都力戒失道的行为。远古的黄帝，传说他不穿纹彩的衣服，甚至连布也是不加染的素布；宫廷是茅草盖的，甚至茅草也不剪齐。魏武帝曹操、隋文帝杨坚都穿打补丁的衣服。君主带头节俭，王公大臣和豪绅们就不敢浪费。要明白这样的道理：执政者再廉洁也是纯消费者，国家机关的大小官吏种不出一粒粮食，打不出一枚钉子，全靠老百姓供养。如果执政者不清廉，官吏们又贪得无厌，处处损害老百姓的利益，恐怕比强盗头子更坏呢！他们的所作所为与大道是背道而驰的。

学坏容易学好难，走歪道容易走正道难，一个人如此，一个社会也是如此。我们知道两点之间直线最近，但是，最近的路不见得是平坦的大路，有很多是崎岖不平的小路，别说车辆难行，就是牛马走着都费劲，但有的人却专门喜欢走。有些人规规矩矩地走大路，虽然可能绕点路，费点油，但是安全。走大路可能会远个几十公里，走小路可能会近个几十公里，但是，真的是小路比大路省油又省时吗？不一定，但走大路一定比走小路安全。

老子说：“大道甚夷，而民好径。”大道的路线虽然已经模糊，但大道本身仍然完好地存在着，而人们却好像故意漠视它的存在，根本就熟视无睹。他们满怀各种欲望并为了捕捉到获得欲望实现的机会，争先恐后地往各种充满了危险的邪路和捷径冲，他们以不切实际的行动为自己营造出了一个“流光溢彩的文明世界”。

夏桀是夏朝最后一位君主，他荒淫透顶，滥用民力，“筑倾宫，饰瑶台，作琼室，立玉门”，从各地征选美女，整日寻欢作乐，还狂妄地自比为太阳。但老百姓诅咒他说：“你这个太阳啊，我们愿意和你一起灭亡。”老百姓的怨气之大可见一斑，这样的王朝不灭亡才是怪事！

无独有偶，商朝最后一个君主纣王也是一个狂妄自大的家伙，他建筑鹿台，建“酒池”、“肉林”，制作“炮烙”之刑，网罗天下美女与珍禽异兽，诛杀为国为民的忠臣，宠信妲己，完全不管百姓死活。老百姓恨透了他，当周武王的军队攻到牧野时，纣王将奴隶们武装起来抵抗周军的进攻，但奴隶们却阵前倒戈，加入周军的阵列攻击商军，商朝就这样灭亡了。

现代社会是商品经济，人们会时时刻刻都面对各种诱惑——珍奇的物、丰厚的利、妩媚的色、“温柔”的情，时时刻刻都在迷乱着你，纠缠着你，考验着你。特别是当上公务员有了一定的权力后，求你办事的人多了，其中不乏企图通过你获得额外利益的人。他们主动用金钱美色来诱惑你，只要你稍有不慎，或碍于面子，或屈于说情，或顶不住权势，或挡不住香风等等，“可欲”来了，“私欲”来了，鸡蛋就有缝了，邪气就会钻入你的五脏六腑置你于死地。许多曾经叱咤风云的人物，最后捞到监狱里去了，捞到身败名裂了，成为社会的罪人！

因此，老子告诉我们，如果我们是有智慧的，就应走大路，行正道，按自然规律做人做事；走上了弯曲的小路，由于所作所为都不是正道，是不安全的，迟早会酿成大错，不仅达不到目的，可能还会使我们身败名裂，落得个身首异处的下场。就像强盗的自我夸耀，虽然逞一时之欢，最终还是自取灭亡！

使我介然有知，行于大道，唯施是畏。大道甚夷，而人好径。朝甚除，田甚芜，仓甚虚；服文彩，带利剑，厌饮食，财货有余，是为盗夸。非道也哉！

第五十四章　以身观身

善建者不拔，善抱①者不脱，子孙以祭祀不辍②。修之于身③，其德乃真；修之于家，其德乃余；修之于乡，其德乃长④；修之于邦⑤，其德乃丰；修之于天下，其德乃普。故以身观身，以家观家，以乡观乡，以邦观邦，以天下观天下。吾何以知天下之然哉？以此。

①抱：抱住、固定、牢固。②辍：停止、中断、终止。③修之于身：修养其身，即提高思想认识和精神境界。④长：长久、久远。⑤邦：指国家。

【译文】

善于建立自身道德的人不会动摇，善于秉持道德的人不会丧失信念，如果子孙能够遵循、守持这个道理，那么子子孙孙就不会断绝。修道者如果自修，则他的德行真实充足；如果影响到家族都能共修，德行更多；再推展到乡里，德行能传得更久；推广至国家，德行更为丰硕；再推广到天下人，则可使天下人普遍都具有道德。所以，反省自身就可以了解别人，观察一个家庭就可以了解其他家庭，观察一个乡就可以了解其他乡，观察一个国家就可以了解其他国家，观察天下就可以了解整个天下。我凭借什么去判断天下是怎样一种状况？就是以此为准则。

【智慧全解】

老子在这一章里，从善于建树者不会动摇，善于坚持者不会懈怠，而子孙秉承绵泽永不停止，说到“修德”的效应。修德是真是假，判断的标准首先看是否从自己做起，然后看是否能推向家庭，推向社会，推向天下。所谓“修之于身，其德乃真”，从自己做起，特别是从检讨自己做起，这美德才是真的。一个言行不一的人，要求别人讲美德，自己却男盗女娼；要求别人听从统一指挥，而自己却不愿身体力行，这种人实际上是巧伪而已。儒家经典把“修身”摆在“齐家、治国、平天下”之首，道理也在这里。一个品德修养极差的巧伪之人，连家庭都不和睦的人，能把“治国、平天下”的重任托付给他吗？何况老子所说的修道德，要求清心寡欲，要求利他不争，在层次上更高，也更难。难而能“善建不拔，善抱不脱”，不是更显得可贵吗？在这个基础上，再看一个家庭，全家修道德则家有余德；再看一个乡，全乡修道德则其德丰厚；再看整个天下，天下人都修道德，则其德普及天下。如此这般，“天下为公”的实现又有何难！

老子说他之所以知道天下离不开自然道德规律的制约，使用的就是“以身观身，以家观家，以乡观乡，以邦观邦，以天下观天下”的方法。这种玄览静观的“全息”方法论，是契入事物的“观照”，设身处地的感知，比道听途说当然要来得可靠了。

实际上，这是提出了一种类推的认识事物的方法，具体地说就是由己及人，通过观察自己就可以了解别人怎么样，通过观察自己的家了解别人的家。

“以身观身”实际上就相当于一种换位思考：这件事情你做了别

人会怎么想，后果又会什么样，如果把你和别人的位置对换一下，你是不是也希望这个后果发生？这就是换位思考，即是“己所不欲，勿施于人”。

“己所不欲，勿施于人”语出《论语·卫灵公》，但是，现在我们能看出来，这种处世哲学可不是孔子的首创，老子的“以身观身”已经很好地体现出这么一个待人之法。

我们来看一个故事：

一个老和尚带着他的小徒弟生活在湖心的古庙里。一天，小徒弟在河边抓到一条鱼、一条蛇和一只青蛙，他玩心大起，在三个动物身上分别拴上石头，让它们没有办法行走。

老和尚看到以后，并没有说什么，只是把小徒弟叫了回来。到了夜晚，小徒弟熟睡之后，老和尚把一块石头绑在他的身上。次日清晨，小徒弟醒来，忽然发现自己身上绑着石头，绳子结打在后面，他没有办法解开，做什么事情都非常艰难，他猛然意识到自己昨天犯下了错误。于是，他背着师傅绑在自己身上的石头，费力地走到河边，寻找昨天被自己绑了石头的鱼、青蛙和蛇。

找到后，小和尚发现鱼死了，蛇也死了，只有那只青蛙还活着，他十分后悔，赶紧释放了那只还在挣扎的青蛙。

可见，人在做一些小事的时候，往往只顾自己的快乐，忘记了这么做会给别人带来什么样的影响。在做那些惊天动地的大事情之前，相信每个人都会有慎重的考虑，把各方面的影响都考虑到，但是很多人不会用这样的态度对待那些小事情，而伤害人的又恰恰是一些小事情。

善建者不拔，善抱者不脱，子孙以祭祀不辍。修之于身，其德乃真；修之于家，其德乃余；修之于乡，其德乃长；修之于邦，其德乃丰；修之于天下，其德乃普。故以身观身，以家观家，以乡观乡，以邦观邦，以天下观天下。吾何以知天下之然哉？以此。

第五十五章 物壮则老

含德之厚，比于赤子。毒虫不螫①，猛兽不据②，攫鸟③不搏④。骨弱筋柔而握固，未知牝牡⑤之合而朘⑥作，精之至也。终日号而不嗄⑦，和之至也。知和曰常⑧，知常曰明。益生⑨曰祥，心使气曰强。物壮则老，谓之不道。不道早已⑩。

①螫（shì）：毒虫用毒刺咬人。②据：猛兽用爪抓物。③攫（jué）鸟：用脚爪抓取食物的鸟，如鹰隼一类的鸟。④搏：鹰类用爪击物。⑤牝牡（pìn mǔ）：指阴阳。泛指与阴阳有关的如雌雄、男女等。⑥朘（zuì）：小男孩的生殖器。⑦嗄（shà）：声音沙哑。⑧常：指事物运作的规律。⑨益生：增长生机。⑩不道早已：违背自然将提前衰亡。

【译文】

道德涵养浑厚的人，就好比初生的婴孩。毒虫不螫咬他，猛兽不伤害他，凶恶的鸟不搏击他。他的筋骨柔弱，拳头却握得很牢固。他虽然不知道男女交合之事，但他的小生殖器却经常勃起，这是因为精气充沛的缘故。他整天啼哭，嗓子却不会沙哑，这是因为和气纯厚的缘故。知道元气和谐，事物才会正常发展；知道事物正常发展才是明智；增长生机才叫祥和；用心使用精气才能刚强。事物过分强盛就会走向衰老，这叫违背大道，违背大道就会很快消亡。

【智慧全解】

自然道德修养深厚的人，俗称得道之人，最典型的表现是有如赤子。其生理和心理已经返璞归真，复归于婴孩。老子称得道的心，不叫仁义之心，也不叫仁爱之心，而叫赤子之心，因为赤子之心比仁爱之心更加质朴自然。

赤子无我、无为、无欲，不会去伤害任何人和事物，所以任何人和事物也不会对他造成伤害。老子言称毒虫不螫咬他、野兽不伤害他、恶鸟不搏击他，为什么柔弱可欺的婴儿却独能免遭伤害呢？下面我们不妨对初生婴儿的特征作进一步的探讨。

初生的婴儿无知无欲，不知道他所生活的世界充满邪恶和矛盾，可以说他根本不知道自己是谁，他除了满足本能的需求之外，根本不知道自己需要什么，所以他没有思想，也没有欲望。在前面的章节中，老子论述了真正的富有就是无欲无求，婴儿的状态是最富有的状态。我们成人无法做到这一点，只有道德深厚的人才能像赤子一样无欲无求，心无杂念。

老子认为婴儿的生命力是强大的，而他之所以强大，就因为他还处于无为的状态。这种状态虽然并没有强大的表现，却是生命力充沛的标志，是身体里的中和之气充足的象征，老子称其为理想的生存状态。

但是，我们更多的人却不是这样，性欲越高的人，越容易成为阳痿患者，因为他过度放纵自己的欲望；力气越大的人，越容易被人打伤，因为他把自己的气力浪费掉了；事业越顺的人，心里也许越空虚，因为他已经被胜利冲昏了头脑；钱财多的人，内心深处最感贫穷，因为他的物欲太旺盛，总是无法满足；想活得长久的人，偏偏很快死掉，因为他过分珍惜身体导致内心受到压迫。这就是物壮则老，物极必反，一旦事物走到了尽头，超越了界限，就会向反面发展。

所以，愈是贪婪的人，愈是觉得自己一无所有。“得寸进尺，得陇望蜀”，是对贪得无厌之辈的形象比喻。拥有一定的社会地位是现实生活迫使个人接受的一种要求；追求物质丰富是刺激市场繁荣的动力，对个人而言，绝非因为安贫乐道就可以否定对物质欲望的追求。但是，一个人为铜臭气包围，把自己变成积累财富的奴隶，或为财富不择手段，或为权势投机钻营，那么，这种人就会永远贪得无厌。

从前有这样一对夫妇，他们家境贫寒，依靠自己家的一块田地维持生计，每年收割的庄稼只能勉强过活。所幸的是，他们家还养着一只母鸡，每天可以下一个鸡蛋。有一天，这只母鸡竟然生下了一枚金光闪闪的金蛋。这枚从天而降的金蛋，让他们高兴得合不拢嘴，赶快拿到市场上卖了一笔钱。

农夫回到家里，看着那只宝贝母鸡，心想，只要有了这只会下金蛋的母鸡，以后再也不用辛辛苦苦地耕种了，金钱也会源源不断。

母鸡一天下一个金蛋，夫妇俩发了大财，买下了肥沃的田地，又盖起了漂亮的大房子，请了许多仆人，日子过得舒服极了。但是，他们非常贪心，对这一切并不满足。

有一天，农夫的妻子说：“既然母鸡每天可以下一个金蛋，它的肚子里一定有很多很多的金蛋，说不定就是一个金库。”

农夫紧接着说：“对，我们干脆把鸡杀了，从它肚子里把所有的金蛋都拿出来！”

于是，他迅速爬起来，拿了一把刀把那只下金蛋的母鸡杀了。当剖开鸡腹之后，他们发现这只母鸡和普通的母鸡并没有什么两样，根本没有什么金蛋，也不是什么金库！自此他们再也没有一只会下金蛋的母鸡了。

天下事，占便宜不得，有便宜之贪念，即有不便宜之大悔。我们的烦恼，其实大多来自我们的贪欲与不知足，放下贪欲，眼前自然清明。当然，我们在学业上还是要有点贪图精神的，不能浅尝辄止，而要虚怀若谷，越是渴求越说明求知心切，和生活上的贪求正好相对，这样才有可能在事业上有所作为。

人生在世，欲望并非坏事，欲望、欲求正是人们追求上进的内在原动力。正是因为人有了欲望、欲求，才会有理想、信念、追求，才会有科学的进步，有各种物质和精神的建树，但是，欲求得有度，失度就会贻害无穷。放纵情欲、物欲就会迷失本性，坠入欲望的深渊。

第五十六章　知者不言

知者[①]不言，言者不知。（塞其兑，闭其门，[②]）挫其锐，解其分，和其光，同其尘，是谓玄同[③]。故不可得而亲，不可得而疏；不可得而利，不可得而害；不可得而贵，不可得而贱。故为天下贵[④]。

①知者：懂得的人，晓得的人。②一说此句已见于第五十二章，此处为错简重出，当删。③玄同：玄妙齐通，此处指道。④为天下贵：为天下人所尊重。

【译文】

聪明的智者不随便说话，而到处说长论短的不是聪明的智者。（塞堵耳目，关闭感官，）挫掉锐气，消解纷争，收敛光芒，混同尘世，这就是深奥的玄同。达到玄同境界的人，已经超脱亲疏、利害、贵贱的世俗范围，所以就为天下人所尊重。

【智慧全解】

真正有知识、有智慧的人是不会随便高谈阔论的，他们常常保持缄默，不显山不露水，永远站在最低点仰视他人、俯瞰自己，他们是谦逊的、随和的。老子认为，只有毫无知识和头脑的人才会夸夸其谈，口无遮拦。这种人想通过侃侃而谈来显示自己的聪明才智，结果恰恰相反，这种随便谈论本身恰恰表明了他的无知和愚笨，可惜他根本无法意识到这一点。

老子这么说是有原因的，我们不妨联系一下当时的社会现实来分析：老子生活在春秋时代，是一个典型的乱世。乱世出英雄，这是乱世的一个特点，但乱世还有一个特点，就是人命如草芥。所以像老子这样有能力的人生在乱世，要么寻找一个开明的君主施展自己的抱负，富国强兵，把自己置于强国的保护伞之下；要么老老实实地过日子，不要四处显露自己的锋芒，一面叹息自己的高明见解谁也不懂，曲高和寡，一面四处谩骂别人愚蠢。老子选择了第二种做法，他心里明白诸侯都在想着怎么争霸天下，眼里只有中原那块肥肉，根本没有人理会自己的主张，所以他也不四处声张，老老实实地做他的藏书吏，管理着大周朝的图书馆。

老子这么做的高明之处在于避开了一切不必要的麻烦。如果他乱出风头，大肆宣扬自己的观点有多高明，一定是未见其利，先见其害。诸侯听说有这么个高人，肯定要来请他做官，他不去，会惹恼人家；他去了，他的“以不争为争”、“以处下居上”的主张又肯定不是那些愚蠢的国君能够理解的。国君看重的谋臣，若其想法和国君格格不入，迟早会被冷落排挤甚至引来杀身之祸。所以说树大招风，出头的椽子先烂，这都是乱出风头惹来的祸患。

相信以下的故事会带给你一些启示。

刘睦是东汉明帝的堂侄，自幼好学上进，喜好结交有学问、有道德的名儒，长大后被封为北海敬王。他忠孝慈仁，礼贤下士，深得百姓的爱戴。

某年年底，他派一名官员去都城洛阳朝贺。临行前，他问这位官员：“皇帝如果问起我的情况，你怎样回答呢？”这位官员说：“您德高望重，忠心耿耿，是百姓的再生父母。下官虽然不才，怎敢不把这些如实禀告？”

刘睦听后，连连摇头说：“你如果这样说，就把我给害了！”这位官员感到很迷惑。刘睦又对他说：“你见到皇帝后，就说我自从承袭王爵以来，意志衰退，行动懒散，每日只知吃喝玩乐，对正业毫不用心。”

刘睦不想让皇帝知道他是一个精明的人。因为在当时，宗室中凡是有志向的人都会受到朝廷的猜忌，弄不好就招来杀身之祸。刘睦故作糊涂，实在是明哲保身的妙计。

正所谓枪打出头鸟，如果我们过度表现自己，就会显山露水，成为别人打击和排斥的对象，结果可想而知。真正的智者是不会去追求形式上的理解和尊重的，他们对任何事都表现得无欲无求，个个都是深藏不露的高人，不会在言语和行动上表现自己，以求哗众取宠。这样的人才是顺应自然大道的人，才是天底下最可贵的人才，值得我们学习和尊敬。

因此，我们必须按照老子说的那样，收敛自己的锋芒和锐气，如此才不会伤害到他人和自己；把所有的浮躁变成沉稳，使自己的心灵相对祥和安静，那样就没有什么牵挂了。这样做的结果是，我们不再因锋芒过盛而刺痛他人的眼睛，也就与他人相一致；不做出头鸟，我们还会担心遭受他人的打击和陷害吗？

知者不言，言者不知。塞其兑，闭其门，挫其锐，解其分，和其光，同其尘，是谓玄同。故不可得而亲，不可得而疏；不可得而利，不可得而害；不可得而贵，不可得而贱。故为天下贵。

第五十七章　以正治国

以正[①]治国，以奇[②]用兵，以无事取[③]天下。吾何以知其然哉？以此：天下多忌讳，而民弥贫；人多利器[④]，国家滋昏；人多伎巧[⑤]，奇物[⑥]滋起；法令滋彰，盗贼多有。故圣人云："我无为，而民自化[⑦]；我好静，而民自正；我无事，而民自富；我无欲，而民自朴。"

①正：端正、公平。此处指无为、清静之道。②奇：奇巧、诡秘的办法。③取：意为治理、摄化。④利器：锐利的武器。⑤伎巧：指技巧、智巧。⑥奇物：邪事、奇事。⑦自化：自我化育，自我成长。

【译文】

以无为、清静之道去治理国家，以奇巧、诡秘的办法去用兵，以不去扰害人民而取信天下。我怎么知道应该这样做的呢？根据就在于此：天下的禁忌越多，人民就越贫穷；人民的锐利武器越多，国家就越混乱；人民的心智和技巧越多，邪风怪事就越容易发生；法令越是森严，盗贼就越多。所以有道的圣人说："我无为，人民就自我化育；我好静，人民就会遵守法纪；我无事，人民就自然富足；我无欲，人民就自然淳朴。”

【智慧全解】

老子无为而治的思想在前面的章节中已多次出现，他主张用清正无为的方略来治理国家。这在当时不可能被执政者所接受，也绝对没有实现的可能性。总之，这一章是他对“无为”的社会政治观点的概括，在当时充满了脱离实际的幻想成分，但这对于头脑清醒的统治者为政治民，是会有益处的。

执政者如果以主宰天下自居，必然就会妄作妄为。正如俗话说的，“一朝权在手，便把令来行”。玩弄权术，出尔反尔，高高在上，为所欲为，争权夺利，中饱私囊，上行下效，腐败成风，把治理国家当做指挥军队作战一般，大出“奇谋”，弄得人心惶惶，最终使整个社会道德沦丧，人民变得蝇营狗苟。这种有心作为的“邪道”，堪称暴政治国。老子描绘了一幅暴政治国的社会图景：天下一切兴利之事遭禁，民间一切风俗行为受抑，忌讳太多，则贪官污吏玩弄权柄，民间私藏利器便多，国家就暗无天日；人人投机取巧，追求浮华的生活，奇货就四起，物价就飞涨，瞒骗就成风；制定很多法令，越是昭彰这些法令，说明盗贼正在不断增加，社会并不安宁……有为治国，必然导致暴政，其危害可想而知。

其实，老百姓过日子就图个平安无事，衣食无忧，只要他们能吃饱穿暖，有房住，看得起病，上得起学，全家幸福平安，这时就算你鼓励他们去干那些违法乱纪的事，他们也未必会去干。那他们又怎么可能自发起来和政府作对，跟政府唱反调呢？所以，教化百姓贵在“无为”，只要当权者不胡作非为，老百姓就不会胡作非为。比如，当权者不求长生不死之药，老百姓就不会去求神拜佛；当权者不贪，老百姓就不会去偷；当权者不搞形象工程、面子工程，老百姓就不会爱慕虚荣，竞相攀比……因为你是父母官，老百姓的眼睛时时刻刻都在盯着你，只要你一动，他们就会跟着动，大家都乱动，这个社会还能安宁吗?

老子引述了圣人所说的四句话，说明什么叫“以正治国”：“我无为而民自化，我好静而民自正，我无事而民自富，我无欲而民自朴。”

黄帝即位第十五年，因为得到各方百姓的拥戴，于是保养生命，兴歌舞娱悦耳目，调美味温饱口鼻，结果形容枯槁，头脑昏沉。又过了十五年，他忧愁国家不太平，竭尽全力增进智慧和体力，去治理百姓，结果同样弄得头昏脑胀。黄帝长叹说：“我的错大而且深，保养自己的毛病是这样，治理百姓的毛病也是这样。”因此，他抛开政事，离开宫殿，解散侍卫，清静寡欲，心无他想，形不二用。

有一天，他做了一个梦，梦游华胥氏国：那个国家一切听其自然，治理得井井有条。黄帝告诉他的大臣：“今日才知道最高的境界，不可以用实心求到，我觉悟了，我得到了！”又过了二十八年，国家极为太平，几乎和华胥氏国一样。

老子认为：“假如得了道，怎么做都可以；失去了道，怎么做都不可以。”比如黄帝治国，前期为己谋求，对百姓为所欲为，“有为”、“有欲”、“有事”，怎么做都不如意；后期达到“无为”、“好静”、“无欲”、“无事”的境界，却怎么做都可以。

第五十八章　福祸相依

其政闷闷[1]，其民淳淳[2]；其政察察[3]，其民缺缺[4]。祸兮，福之所倚；福兮，祸之所伏。孰知其极？其无正[5]也。正复为奇，善复为妖[6]。人之迷[7]，其日固久。是以圣人方而不割[8]，廉而不刿[9]，直而不肆[10]，光而不耀。

①闷闷：意指为政者不张扬意志，则政治环境宽松。②淳淳：淳朴厚道。③察察：严苛。④缺缺：狡黠。⑤其无正：它们并没有确定的标准。其，指福祸变换。正，标准、确定。⑥正复为奇，善复为妖：正的变为邪的，善的变成恶的。正，方正、端正。奇，反常、邪。妖，邪恶。⑦迷：迷惑。⑧方而不割：方正而不割伤人。⑨廉而不刿（guì）：锐利而不伤害人。廉，锐利。刿，刺伤。⑩肆，放肆。

【译文】

政治宽厚清明，人民就淳朴忠诚；政治苛酷黑暗，人民就狡黠、抱怨。灾祸，幸福依傍在它的旁边；幸福，灾祸藏伏在它的里面。谁能知道究竟是灾祸还是幸福呢？它们并没有确定的标准。正忽然转变为邪，善忽然转变为恶。人们的迷惑，由来已久了。因此，有道的圣人处世方正而不割伤人，有棱角而不刺伤人，直率而不放肆，光亮而不刺眼。

【智慧全解】

老子在本章中提出了一个很重要的哲学命题：祸兮福之所倚，福兮祸之所伏。意思是灾难和幸福是相依相随的，谁也无法脱离社会而单独存在。这就告诉我们，任何的幸福背后总是潜伏着灾祸，但灾祸并不是永远存在的，灾难的反面就是幸福，所以我们要以平静的心态来面对灾难和幸福，做到“不以物喜，不以己悲”，这才是人生的至高境界。

现实中，人们看到别人拥有金玉美食、洋房名车，自己也想拥有，于是便拼命地去追求，去拼搏。到最后是拥有了，却也付出了许多，比如青春、尊严、人格等。细细想来，我们付出的比得到的要多得多。所以，我们要记住的一点是，世间万事万物都是相互依存的，没有单独存在的。有得到就有失去，有痛苦就有欢乐，有白天就有黑夜。因此，万不可因一时之得而忘乎所以，也不要因一时之失而愁苦难当。

所谓的“塞翁失马，焉知非福”，就是祸与福是相互转化的典型案例。它并不是什么玄之又玄的东西，祸福的转化也是有一定规律的，只要我们按规律办事，得而不喜，失而不忧，就能驱祸迎福，保全性命。所以，如果你正处于人生或者事业的顺境，一定要珍惜眼前的美好时光，并懂得居安思危的重要性；如果你身处逆境，也不要气馁，因为事情还在进一步发展变化之中，也许你面对的不是一次危机，而是一次转机。

从前，有位国王因为打猎意外受伤，断了一根指头。他回朝后，召集大臣们征询对这次断指的看法。一位智慧的大臣本着他的一贯作风，轻松愉快地告诉国王：“这应该是一件好事。”国王大怒，认为他在嘲讽自己，便将他打入大牢。

之后，国王很快便忘记了这件事，又去打猎，不料误闯邻国国境，被一群原始部落的人活捉。依习俗，必将活捉的人马中的首领献祭给他们的神，于是将国王放到祭坛上。正当祭奠仪式开始时，主持仪式的巫师突然惊呼起来。原来，巫师发现国王断了一截手指，而按他们部族律规，献祭不完整的祭品给天神是会受到天神谴责的。原始部落的人们急忙将国王解下祭坛，驱逐他离开，另外抓了一位与国王同行的大臣献祭。国王狼狈地回到朝中，暗自庆幸自己大难不死。他忽然想起了智慧大臣所说的话，觉得自己断指确实是一件好事，于是立刻传令将这个大臣从狱中放出，并向他表示道歉。

智慧大臣还是保持他的积极态度，并说这一切都是好事。国王不解。智慧大臣说："臣在狱中当然是好事！陛下不妨想一想，今天我若不是在牢中，陪陛下打猎的大臣会是谁呢？"

古人都能知道事物是双重的，不能只看表象，而不去了解实质，更何况我们现代人？生活中不如意、不快乐的事情有很多，但快乐和如意的事也不少，就看我们如何理解。不管怎样，乐观是一种积极的人生态度。乐观者对任何事情总是持乐观态度，即使遇上困难和挫折，他也会认为这是一件好事，这样的人生当然会有意外的惊喜。

第五十九章　长生久视

治人事天①，莫若啬②。夫唯啬，是谓早服③；早服，谓之重积德④；重积德，则无不克；无不克，则莫知其极；莫知其极，可以有国；有国之母⑤，可以长久。是谓深根固柢、长生久视⑥之道。

①事天：保养天赋。②啬：爱惜、保养。③早服：早做准备。④重积德：不断地积德。⑤有国之母：掌握了治理国家的原则和道理。⑥长生久视：长久维持，长久存在。

【译文】

治理百姓和养护身心，没有比爱惜精力更为重要的了。爱惜精力，正需早早做好准备；早做准备，就是不断地积德；不断地积德，就没有什么不能攻克的；没有什么不能攻克，那就无法估量他的力量；具备了这种无法估量的力量，就可以担负治理国家的重任；掌握了治理国家的原则和道理，国家就可以长久维持。这就是根深蒂固、长治久安的大道。

【智慧全解】

很多人雄心勃勃地想统治国家，拥有事业，以显示自己的伟大，但是往往事与愿违，或殚精竭虑，一事无成；或昙花一现，成为历史的匆匆过客。为什么会这样呢？就是因为他们急于求成，不肯走大道，返璞归真，收敛心智，身不二用；不肯实实在在地为百姓建功立业，积累功德。他们只是一味玩弄自己的巧诈，耍几个花招，弄几手权术，就想拥有天下。或者依赖父辈的功绩，为自己支撑门面；或者拉大旗作虎皮，吓唬别人。历史上的封建世袭，继承人并没有功德于天下，等吃完了父辈的老本就破落了。远古的炎、黄二帝都是修身到家的农神和衣神，黄帝还发明了车船之类的工具利国利民，他们拥有国家是理所当然的事，因为他们都有功德这个根本，所以能终身为政，无人敢问鼎他们手中的权力。即便他们死了，人民也仍在怀念他们，这就叫做“长生久视”、“死而不亡者寿”啊！所以，修身积德，造福于民，是治国长久之根本，也是安身立命、长生久视之道。

老子认为,大至维持国家的统治,小至维持生命的长久,都离不开“啬”这个原则，都要从“啬”这个原则做起，所以说它是“长生久视之道”。

他把吝啬当做人修身养性的重要美德加以颂扬，而不是专指财物的爱惜。老子认为，吝啬就是在精神上注意积蓄、养护、厚藏根基，培植力量。要真正做到精神上的“啬”，只有积累雄厚的德，有了德，也就接近了道，这就与圣人治国联系到一起了。这里把“啬”解释为节俭也可以，因为老子十分重视“俭”德，这也是道家一贯的思想特征。

杨王孙是西汉时期大名鼎鼎的思想家，他主张勤俭节约，反对奢侈浪费。他临死前，把儿子们叫到床前，叮嘱他们说：“我死后不要厚葬，不要任何财物陪葬，我要光着身子，返璞归真。你们一定要牢牢记住，不要违背我的心愿。”

杨王孙的朋友祁侯知道了这件事，便前去劝他，对他说：“我听说你要求裸葬入土，这是真的吗？”

杨王孙点了点头。祁侯说：“你怎么能这样糊涂呢！假如先人无知则罢，如果先人有知，这不等于在地下戮尸吗？怎么去见祖先呢？其实陪葬一点东西也花不了几个钱，你还是改变主意吧！”

杨王孙欠了欠身子，对祁侯摆摆手，说：“我打算用这种行动来矫正世俗。从古至今，人们一直推崇厚葬，其实厚葬对死者毫无益处，但世人却争相以此标榜，宁愿财物在地下腐烂，甚至有的今天刚埋入地下，明天就被盗走。财物被挖走不说，尸体也被抛在一边，这与暴尸荒野有什么区别？再说，死亡是人的生命的变化和回归，人们用厚葬来伪饰真实，就使生命失去了归宿。人本来就应当来去了无牵挂的，我听人说，精神是上天赋予的，形体是大地赋予的。精神离开形体，就称为‘鬼’，‘鬼’的意思也就是归。

“死人的尸体孤零零地存在，难道会有知觉吗？用许多布帛锦缎包裹它，用珠玉珍宝陪送它，实际上是掠夺了生者的财物，白白浪费了钱财。

“从前，舜尧死后下葬，把木头挖空做成匣子，用葛藤缠裹封扎，挖墓穴时，向下深度不超过泉水，向上不致泄露尸臭。这样做根本无损于他们的伟大，相反却因为品行高洁而流芳千古。

“圣人生前崇尚简易，死后安葬也不奢靡，不做无用的事，不花无用的钱。现在呢？耗尽财物为死者厚葬，不管活着的人如何，让生者受到死者的连累，这不是太荒谬了吗？我之所以这样做，就是为了纠正时弊啊！”

听杨王孙一口气说完后，祁侯连声说：“好！好！你说得对。”

杨王孙死后，他的儿子按照他的遗愿把他裸葬了，这在当时厚葬的风气下，实在是惊世骇俗之举。

我们从外表上是看不出谁有道德，谁没有道德的，然而在具体的行为上就会显露出来。杨王孙真可谓是一位旷达的智者，他参透了生死乃自然规律，没有必要为厚殓死者而浪费钱财。

其实，人赤条条来到这个世界上，“生不带来，死不带走”，而且人死如灯灭，身体不存在了，又何来精神魂魄呢？这时再去摆阔气讲排场，将大量财物埋入地下，实在是多此一举！

第六十章 治国若烹小鲜

治大国，若烹小鲜[①]。以道莅[②]天下，其鬼不神[③]。非其鬼不神，其神不伤人；非[④]其神不伤人，圣人亦不伤人。夫两不相伤[⑤]，故德交归焉[⑥]。

①小鲜：小鱼。②莅：临。③其鬼不神：鬼神就不起作用了。④非：非但、不仅。⑤两不相伤：鬼神和圣人不侵越人。⑥德交归焉：德复归于百姓，让他们享受德的恩赐。

【译文】

治理国家，就好像煎烹小鱼一样。用大道来治理天下，鬼神就不起作用了、并非鬼神不作怪了，而是鬼神作怪也伤不了人。非但鬼神作怪不能伤害人，圣人有道也不会伤害人。鬼神和圣人都不伤害人，所以就可以让百姓享受到德的恩泽。

【智慧全解】

“治大国，若烹小鲜。”这句话流传极广，深刻影响了中国几千年来的政治家们。据1988年5月8日《光明日报》报道，“治大国，若烹小鲜”的哲理，被载入1987年美国政府的国情咨文中，可见老子的治国之道已引起世界政治家的瞩目。这是个比喻，“烹小鲜”就是煎烹小鱼，这是用烹鱼比治国。

烹鱼需要三个阶段：第一，把鱼洗净加入调料放入锅中；第二，等待贴锅的那一面烹熟；第三，翻过去烹另外一面直至烹熟。其中的要点就是火候，如果翻来搅去，鱼肉就会碎掉；如果不动，就会一面烧焦，另一面却尚未烹熟。因此，治国虽是大事，但却要用做小事的心态去对待它，千万不要折腾，要像煎小鱼那样，不要常常翻弄。

执政者应安静无为，不扰害百姓，否则灾祸就要来临。要保证国家的平安，执政者就必须小心谨慎，认真严肃，不能以主观意志随意左右国家政治。“治大国，若烹小鲜”这句话用极其形象、简洁的语言概括了这个极其复杂的治国谋略。如果以个人的主观愿望去改变社会，朝令夕改，忽左忽右，老百姓就会无所适从，国家就会动荡不安。相反，如果国家制定的政策法令能够得到坚定不移的贯彻执行，就会起到富国强兵之效。

此外，老子是无神论者，他并不相信鬼神，但这一章一再讲到鬼神，只是为了表明，鬼神都不伤害人，治理国家的统治者就更不能够伤害、烦扰人民了。在这方面，刘备做了个很好的表率。

东汉末年，战乱纷纷，刘璋请刘备入川，帮他抵御张鲁，他们约定在成都以北的涪关见面。刘备的军师庞统对他说：“主公四海为家，不是长久之计啊！刘璋是个无能之辈，如果此时主公把他杀死，西川就是我们的了。有了落脚之地，主公才可图大业啊！”

刘备摇了摇头，说道：“你只看到了有利的一面，却没有看到这样做的负面影响：我以仁义号召天下，如果无缘无故地杀了刘璋，天下人又会怎么评价我呢？他们如果都以为我是个伪君子，谁还会归附我呢？”

刘璋和刘备见面时，刘备对待刘璋十分亲热，与他开怀畅饮。庞统让魏延在堂上舞剑，想找机会杀了刘璋，刘备看出了庞统的用意，把魏延呵斥了下去。

刘备事后对庞统说：“西川之地我是势在必得，但不是用此等卑鄙的手段。你这样做，我即便是得了西川，也没有人心作为统治的根基，是不能长久的啊！”

因此，刘备继续推行他的仁义政策，严令手下不许扰民，对百姓所求也是尽量满足。不久，当地百姓都被他的仁厚所感动，纷纷表示拥护他。

其实，老百姓最怕折腾，他们不怕做不好自己的事，最怕被别人指手画脚地做事。本来已经到了春播秋收的时节，可是当权者却让他们去筑驰道、修运河、建宫殿、搭戏台，违了农时，那就是得不偿失的事。所以，对于当权者来说，所谓爱民，第一就是不要扰民，不要动不动就以下去检查工作的名义，让老百姓拿出好酒好菜，浪费时间来招待自己。你要检查工作，最好微服私访，不要带什么车队、团队。总之，你走在路上，别让老百姓看出你是当官的就行。当然，更不要搞什么政绩工程、形象工程、面子工程。如果真要为老百姓办点实事，就为老百姓营造一个公平的环境，比如搞好社会治安，让老百姓看得起病、买得起房、上得起学，还要让他们地里种出来的东西能及时卖出去，卖个好价钱。所以，凡事简单点好，简单做人，简单做事，简单治国。事实证明：顺其自然，因其本来，就是最好的治国方式。

第六十一章　大国者下流

大邦者下流，天下之牝，天下之交也[1]。牝常以静胜牡，以静为下。故大邦以下小邦，则取小邦；小邦以下大邦，则取大邦。故或下[2]以取，或下而取。大邦不过欲兼畜人[3]，小邦不过欲入事人。夫两者各得其所欲。大者宜为下。

①天下之牝，天下之交也：处于天下雌柔的位置，那是天下百川河流交汇的地方。牝（pìn），雌柔，与“牡”相对。②下：谦下。③兼畜人：把人聚在一起加以养护。

【译文】

大国要像居于江河下游那样，处于天下雌柔的位置，那是天下百川河流交汇的地方。雌柔常以安静守定而胜过雄强，因为它居于柔下的缘故。所以，大国对小国谦下忍让，就可以取得小国的信任和依赖；小国对大国谦下忍让，就可以见容于大国。所以，有因谦让而得到拥护的，也有因谦让而得到保护的。大国不过是想兼并聚拢小国，小国不过是想在大国中间生存。这样两方面都能达成他们的愿望，大国应该特别谦下忍让。

【智慧全解】

春秋末期，诸侯国林立，大国争霸，小国自保，战争接连不断地发生，给人们的生活带来极大灾难。老子所讲的大国领导小国，小国奉承大国，是希望小国大国维持春秋时期的情况，不要改变。他希望社会永远停留在分散割据状态，这其实是和历史发展的方向背道而驰的。

老子认为柔弱能战胜刚强，可真实的社会现状却和老子的观点背道而驰，我们是否会因此而对老子的观点予以否定呢？社会现状中柔弱未能战胜强硬只是一时的弱势表现，总体而言，柔弱总能战胜刚强。综观自然界中的种种现象，我们不难发现，看似强大的事物并不能长久存在，而看似渺小的事物却有着很强的生命力。具体来讲，庞大的恐龙曾统治着整个自然界，而到最后竟被弱小的灵长类动物取而代之，很多现象与历史无不证明老子的观点是正确的。

因此，越是有实力、有财力，人口众多、疆域宽广的大国，越应具备大海的风范，将自己放置在一个相对谦和低下的位置，对其他小国礼让有加，不侮辱、不欺凌，才会得到天下各国的拥护和信任，才能确保自己上邦大国的位置，也更能体现上邦大国的风范。如果不是这样，今天欺负这个，明天侮辱那个，不久就会遭到天下各国的集体反对，也许会导致各国的连手行动。那不仅失去了一个上邦大国应有的气度和风范，得不到他国的拥护和支持，还会走向灭亡。就好像大海一旦缺少了百川的流入，过不了多久，它也就不能称为大海了一样。

而作为实力不够雄厚，财力物力也不丰厚，人口稀少，疆域狭小的小国，只有依靠大国的保护和支持，才能更好、更长久地生存。就像百川只有向低处流淌直至入海，与万千江河一起，才永远不会干涸一样。所以，小国也要将自己摆放在一个相对低下的位置，与大国友好和平地相处，才会得到大国的信任和保护。

齐桓公成为齐国国君后，采纳管仲的建议，励精图治，富国强兵。齐国强大以后，齐桓公也曾试图以武力威服天下，但效果并不佳。在与鲁国的长勺之战中齐国被鲁军打得大败。之后，齐桓公接受管仲的建议，改变策略，以“尊王攘夷”相号召。凡是拥护“尊王攘夷”号召的小国，齐桓公一律以礼相待，并积极主动地与其修复关系。齐桓公首先归还了以前所侵占的鲁国土地，取得了鲁国的归附，使鲁国成为了齐国的南方屏障；归还了卫国的四座城邑，安定了齐国的西面；归还了燕国的两座城邑，使燕国归附齐国，成为齐国防御戎狄的屏障。随后，齐桓公与诸侯会盟，带头盟誓效忠于已经没有统治能力的周王室，并同与会诸侯国讨伐不遵誓约的宋、楚等国，天下出现了暂时的和平景象。

有一年，北方的山戎攻打燕国，燕国抵挡不住向齐国求救，齐桓公亲自带兵讨伐山戎。燕君为了感激齐桓公的匡国之恩，亲自为齐桓公送行，一直送到齐国的疆域。按《周礼》，诸侯国国君相送不可超越国界，齐桓公为了表示对《周礼》的遵从，将燕一侧的齐国土地送给燕君，并叮嘱燕君效忠周王朝。不久，鲁国发生内乱，为了平息这场内乱，齐桓公不惜杀死了自己的妹妹，在诸侯中赢得了很高的声誉。史书记载，齐桓公九会诸侯，其中“兵车之会”三次，“文车之会”六次，在春秋初年创造了相对稳定的政治环境，不但使自己得以称霸天下，而且青史留名，为后世所传颂。

古往今来的无数历史事例证明，无论多么强大的国家，在处理国际关系时，如果倚仗自己的实力对其他小国指手画脚，是无法得到他们的归附的，更无法维护世界的和平与发展。世界是多极的，不能由某一极来主宰，国与国之间应互相尊重，互不侵犯，互不干涉内政，平等互利，和平共处，世界的和平与发展才能得到保证。

这个道理用在人身上也是一样的。高大威猛、非常富有的人，就像是一个大国，而矮小瘦弱、贫穷多病的人，就像是一个小国。前者是少数，就像大海，而后者是多数，就像地球上的万千溪流，数之不尽。如果强大的人经常以欺负弱小为乐，只会出现两种结果，一种是被诸多弱小联合起来打翻，另一种是被更强大的打倒。

国家谦和、卑下才能够长久，人类也是如此。人类如果不能做到谦和、卑下，其统治自然界的地位就会被其他物种所取代，甚至自我毁灭。所以，我们作为人类的个体，应该从自己做起，对待周围的人要谦恭、柔和、甘居低位；对待周围的物应该友善、包容，不大肆捕杀动物，不任意砍伐植物，与自然万物和谐相处，才能“两者各得其所欲”，也只有这样，我们才不愧为万物之灵长，才不愧拥有聪明才智。

第六十二章　善人之宝

道者，万物之奥[1]。善人之宝，不善人之所保[2]。美言可以市尊[3]，美行可以加人[4]。人之不善，何弃之有？故立天子，置三公，虽有拱璧以先驷马[5]，不如坐进此道[6]。古之所以贵此道者何？不曰：求以得[7]，有罪以免邪[8]？故为天下贵。

①奥：藏，含有庇荫之意。②保：保持。③美言可以市尊：优美动听的话可以博取尊敬。市，市场、交换、交易。④美行可以加人：指行为高尚，超出一般人。美行，优美的行为。加人，超越众人。⑤拱璧以先驷马：古代的献礼，轻物在先，重物在后。拱璧，指双手捧着贵重的玉。驷马，四匹马驾的车。⑥坐进此道：献上清静无为的道。⑦求以得：有求必得。⑧有罪以免邪：有罪的人得到“道”，可以免去罪过。

【译文】

道，是荫庇万物之所，是善人得以安身立命的法宝，也是不善之人改恶从善保全性命的依靠。美好的言辞可以换来别人的尊重，良好的行为可以被他人尊重。不善的人怎能舍弃它呢？所以，在天子即位、设置三公的时候，虽然有拱璧在先、驷马在后的献礼仪式，还不如献上清净无为的道。古人为什么贵重道呢？不是说道是有求必应，有罪的也可得到它的宽恕吗？所以道才为天下人所珍视。

【智慧全解】

道是人类生活的大法则。人类依道而生活，就可以避免冲突，避免伤害，使人人各得其所。但是，人类与自然物质、能量、信息的交换失去平衡后，进入了有组织的文明社会，而社会组织又以分工不同来实现。由于地域分布、生活方式不同，特别是社会分工不同，造成了人的思想行为的千差万别，引起了人与人之间的误解，导致了相互之间的思想、感情、行为的阻塞，产生了伤害。于是，人的言行便有了善恶之分。对他人和社会有利的，被公认为善；反之，对他人和社会不利的，被公认为恶。中国自古就有人性本善或本恶的争论，但争论不能解决任何实际问题，恶依然是一种不可消除的社会存在，犹如善的影子，生灭不已。

老子在这里给人们包括有罪之人提供了新的出路，还是很有意义的。这种想法与孔子所言“君子过而能改”的说法相近。君子不怕犯错误，只要能认真改正，就不算错误，而且这只是君子才可以做到的。老子从主客观两个方面为有错者提供了出路，道不嫌弃犯罪之人，肯定会给他改错的机会；而犯罪者本人也必须体道、悟道，领会道的真谛。老子认为，无论是好人还是坏人，当他体悟了道，掌握了道的理念精髓之后，道都是极其珍贵的宝物，同样会在保全人的平安上发挥作用。

因此，道的宝贵，不仅表现在它是善者的宝物，同时也时时刻刻保佑着不善之人。不善者之所以还能成为人，正是由于道在保佑着他们。这里所说的善和不善，不是普通意义上的善良和不善良，而是得道和未得道的意思。

“美言可以市尊。”美言有两种，一是尊道的美言，我们称它为真美言。它可以说服世人尊道贵德，行善积德；可以促进社会和谐进步、事业发展，因此可以得到世人的尊敬。二是失道的美言，就是老子在《道德经》第八十一章贬斥的“信言不美，美言不信”的“美言”，我们称它为假美言。它是浮华的漂亮物，是后天意识教育的结果，是以欺世盗名、骗取私利为目的，如假广告、各种骗子的花言巧语等，这种“美言”谓之“不信”。

“美行可以加人。”尊道的行为对人有益处。“可以加人”，即可以影响人，是不言之教。自然之道质朴，而质朴的言行可以调解社会冲突，使人类互不伤害，可以感化他人而进道。所以，对于不善之人，又有什么理由抛弃他们呢？这是人类社会从古至今的永恒主题。唯有道的奥妙作用，善人视为法宝，而不善人也需要保住它，作为改恶从善的依靠。

我们来看这样一个故事：拉瓜地亚曾担任过纽约市市长一职，1935年，他在一个贫穷脏乱的区域的法庭上，旁听了一桩偷窃案的审理过程。被告是一位老妇人，她犯下的罪刑是偷窃面包。在法官审讯她是否清白和愿意认罪时，老妇人回答：“我需要面包来喂我那几个饿着肚子的孙子，要知道，他们已经两天没吃任何东西了……”

法官答道：“我必须秉公办事，你可以选择十美元的罚款，或者是十天的拘役。”

判决宣布之后，拉瓜地亚从旁听席上站起身来，脱下帽子，往里面放进十美元，然后面向其他人说：“现在，请大家每个人另交五十美分的罚金，这是我们为我们的冷漠所支付的费用，以处罚我们竟让祖母偷东西来喂养孙儿，这样的事发生在我们所在的城市的罪过。”

没人能够想象得出那一刻众人的惊讶与肃穆，每个人都悄无声息、认认真真地捐出了五十美分。

我们作为万物之灵生活在这个地球上，拥有聪慧的头脑和灵活的四肢，这是我们成为人的条件，人应具备谦和的道德品质，对周围的人一视同仁，决不因某些人的低劣而鄙视他们。但是，我们很难做到这一点，与此相反，我们常常会因某人有过劣迹而鄙视他，而大道却不这么做，它对任何人都是仁慈的，对不善之人也同样加以保护。我们应该学习大道，并做到与大道同步，对世间之物不分贵贱一视同仁。

第六十三章　细节取胜

为无为[①]，事无事[②]，味无味[③]。大小多少[④]。（报怨以德。[⑤]）图难于其易，为大于其细。天下难事，必作于易；天下大事，必作于细。是以圣人终不为大[⑥]，故能成其大。夫轻诺必寡信，多易必多难。是以圣人犹[⑦]难之，故终无难矣。

①为无为：把无为当做为。②事无事：把无事当做事。③味无味：把无味当做味。④大小多少：大生于小，多起于少。⑤一说此句为第七十九章错简重出，当删。⑥不为大：有道之人不自以为大。⑦犹：总是。

【译文】

以无为的态度去有所作为，以不滋事的方法去处理事情，以恬淡无味的方式去品味。大生于小，多起于少。（以德报怨。）处理问题要从容易的地方入手，做大事要从细微处入手。天下的难事，必定从简易的地方做起；天下的大事，必定从微细的部分开端。因此，有道的圣人始终不会妄自尊大，所以才能成就他的伟大。轻易允诺必定不足以信，把事情看得过于简单必然会困难重重。因此，圣人总是认真地看待困难，所以他反而没有困难。

【智慧全解】

千里之堤溃于蚁穴，万丈高楼焚于火星。最难的事总是从最易的事开始，最棘手的问题总是萌于最好处理的事物。等千里之堤决口之后，再去堵洞就难了，而在堤溃之前堵塞蚁穴却易如反掌。等到火势烧到了楼顶，再去叫消防队来灭火就晚了，而在火星刚成时将它灭掉却不费吹灰之力。

生活中，人的命运也经常会因为一些看起来微不足道的小事而改变。有些人还没有意识到，自己生活境遇不顺利并不是“大方向”出了差错，而是对细节关注不够。不拘小节的毛病正在不知不觉地使我们失去友谊、失去爱情、失去机会。人际关系中的许多矛盾，往往不是因为谁的人品存在问题，而是一句话、一件小事造成的；工作中的失败，往往不是因为能力不足，而是某些不良习惯造成的……细节虽然不起眼，但它却经常起决定性的作用。

以下故事中的主人公麦克道尔，他的好运气就是因为他注重细节而降临的。

麦克道尔最初只是一个速记员，他的步步高升，可以说得益于他那懒惰的上级——那位书记总是把自己该做的事情推给下面的职员去做。他觉得麦克道尔是一个可以任意指派的人，有一次便要他编一本阿穆耳先生前往欧洲时需要的密码电报书。

那个书记的懒惰，使麦克道尔有了更多的锻炼机会，虽然这种“机会”是很多人都为之反感的，但麦克道尔不仅不反感，反而很乐于去做这件额外的事情。他不像普通人做这个工作时那样，把电码随意简单地编在几张纸片上，而是把它们编成了一本小小的书，并且用打字机清楚地打出来，再用胶装订得好好的。做好之后，那个书记便把电报本交给了阿穆耳先生。

就是因为这件事，麦克道尔的运气来了。

“这大概不是你做的吧？”阿穆耳先生问。

“不……是……”那书记战栗着回答。

“是谁做的呢？”

“我的速记员麦克道尔做的。”

“你叫他到我这里来。”

麦克道尔到办公室来了，阿穆耳说：“小伙子，你怎么会想到把我的电码做成这个样子的呢？”

“我想这样你用起来会方便些。”

“你什么时候做的呢？”

“我是晚上在家里做的。”

“啊，我很喜欢它！”

不久，他便取代了以前那个书记的位置。

世界上想做大事的人很多，愿意把小事做细的人却很少。我们不缺少雄韬伟略的战略家，缺少的是精益求精的执行者；不缺少各类管理规章制度，缺少的是对规章条款不折不扣地执行。

有些人不明此理，在细节上马马虎虎，他们天真地认为，做人做事只要大方向不错就行，小节上不用太认真。他们还用一句老话来形容自己的马虎：行大事不拘小节。但是，他们却不知道，世间每年因轻视细节而造成的生命财产损失，比战争、瘟疫和自然灾害加起来还要多。1996年的大兴安岭大火，是一个工人随手扔下的一个烟头造成的；1998年的九江大堤决口，是建筑单位马马虎虎应付工程设计造成的。还有每年发生的数十万起车祸，无不透着马虎的影子。

所以，我们应该换一种眼光审视眼前的小事对人生目标的影响。如此才会发现它的价值，才会加倍重视它。无论事情多么小，一旦决定去做，就要集中优势兵力，做得比别人好。也许在你轻轻松松做好一件件小事的同时，你的事业大厦已经悄悄落成了。

第六十四章 慎终如始

其安易持，其未兆易谋；其脆易泮[①]，其微易散。为之于未有，治之于未乱。合抱之木，生于毫末[②]；九层之台，起于累土[③]；千里之行，始于足下。（为者败之，执者失之。是以圣人无为，故无败；无执，故无失。[④]）民之从事，常于几成而败之。慎终如始，则无败事。（是以圣人欲不欲，不贵难得之货；学不学，复众人之所过。以辅万物之自然，而不敢为。[⑤]）

①泮：散、解。②毫末：细小的萌芽。③累土：堆土。④一说以上数句均见于第二十九章，此处为错简重出，当删。⑤一说以上句数与上文不合，疑为错简，当删。

【译文】

局面安定时容易维持，事变没有迹象时容易图谋；事物脆弱时容易消解，事物细微时容易散失。采取措拖应在事故尚未萌发之前，治理国政要在祸乱没有产生以前。合抱的大树，是由细小的萌芽生长起来的；九层的高台，是由一筐筐的泥土垒起来的；千里的远行，是从第一步开始行走的。（强作妄为就会失败，执意把持就会失去。圣人不妄为所以不会失败，不强行把持所以不会失去。）人们做事情，总是在快要成功时失败。如果，在事情快要完成时也像开始时那样慎重地去做，就不会有失败了。（因此，圣人追求人所不追求的，不贪恋贵重的财物，学习别人所不愿学习的知识，指导世人由错误中回到正道，辅助万物依照本性自然发展，不敢有私心作为。）

【智慧全解】

在现实生活中，许多人不能持之以恒，总是在事情快要成功的时候放弃了。出现这种情况的原因是什么呢？依据自己对人生的体验及对万物的洞察，老子认为，主要原因在于事情将成之时，人们不够谨慎，开始懈怠，没有保持事情初始时的热情，缺乏韧性，如果能够做到“慎终如始，则无败事”。老子认为，一个人要发挥智能或技能的最佳状态，只有在心理平静的自然状态下才能做到。总之，在最后关头如果能像一开始的时候那样谨慎从事，就不会出现失败的事情。

有人说，天下最悲哀的一句话就是：我早就想到了，可惜我没做。比如：“如果我几年前就开始那笔生意，早就发财了！”“如果我早一点向她求婚，她就不会变成别人的新娘了。”有机会却迟迟不见行动，事过境迁再来后悔，正是小人物的通病。

不管做任何事，迈出第一步最重要。智者虽有千虑，但如果不立即行动，也将一事无成；愚者虽少智慧，但只要在行动中磨炼自己，也将心想事成。任何时候，我们都不要忘记提醒自己：立刻行动，首先迈出第一步，切勿坐失良机！

当我们为了实现心中的梦想迈出第一步的时候，我们的成功之路就开始了。但是，从追逐成功的起跑线出发的人，未必都能够到达胜利的终点，很多人在奔跑的过程中偏离了方向，误入歧途，最终没能到达终点。所以，老子提醒我们“千里之行，始于足下”，要勇敢地迈出第一步，之后，他又告诫我们要“慎终如始”，这样才不至于半途而废，功亏一篑。

第六十五章　大智若愚

古之善为道者，非以明民①，将以愚之②。民之难治，以其多智③。故以智治国，国之贼④；不以智治国，国之福。知此两者，亦稽式⑤。常知稽式，是谓玄德。玄德深矣，远矣，与物反矣⑥，然后乃至大顺⑦。

①明民：使动用法，让人民知晓巧诈。②愚之：使之返朴，即回到老实本分上来。愚，敦厚、朴实，没有巧诈之心。③智：巧诈、奸诈，非智慧之意。④贼：灾难、危害。⑤稽式：法式、法则。⑥与物反矣：意为“德”与万物复归于真朴。反，同“返”。⑦大顺：完全自觉地顺乎自然。

【译文】

古代善于为道的人，不会教导人民智巧伪诈，而是教导人民淳厚朴实。人民之所以难于统治，是因为他们使用太多的智巧心机。所以用智巧心机治理国家，必然会危害国家；不用智巧心机治理国家，才是国家的福气。知道考核这两种治国方式因果关系的差别后，而能保持正确施政的模式，叫做玄德。玄德达到又深又远时，则能与万物同返纯朴，以至于达到大顺的境界。

【智慧全解】

老子提供了治国的两种模式、两种法则，两者泾渭分明。我们不能望文生义，认为老子主张“愚弄”百姓，施行“愚民政策”。这里的“愚”与“智”，属于哲学范畴，“愚”非真“愚”，而是无知无欲的淳朴。“智”非真“智慧”，而是有知有欲的作为。真智为大智慧，是无知无欲的返璞归真，玄通万物的大智若愚。

老子指出，好的领导者教诲人民的不是智巧，而是淳朴，同时他们自己也不用智巧治国。这是一个法则，它体现了深远的“德”，这种“德”可使万物返归自然，实现天下大治。

宋武帝刘裕是南朝的开国皇帝，也是一位口碑很好的君王。

刘裕青少年时期生活在社会的最底层，饱尝了人间冷暖，这对于他日后革除弊政，倡导节俭是有很大关系的。

刘裕执政时，世风崇尚奢靡，百姓对此深恶痛绝。因此，刘裕首先从自身做起，开始大力提倡节俭。他从不奢求金银珠宝，后宫的妃子也很少。刘裕的住处非常简朴，床头是扇屏风，墙上挂着葛布灯笼和麻绳拂。他睡的床不是高档的曲脚床，没有银涂钉，而是最简单不过的直脚床，钉也仅是用铁制造的。

刘裕对子女的要求也十分严格，各位公主出嫁，赠送的嫁妆钱不超过二十万钱。他的穿戴很俭朴，常穿连齿木履。他外出时，不摆皇帝的架子，不喜欢被众人前呼后拥，而是仅让十余人跟随。他还把自己打了好几层补丁的破袄送给长女，让她以此教育后人，要他们节俭持家。如此一来，东晋以来的奢侈风气被刹住了。

刘裕的节俭作风为天下百姓树立了榜样，为国家走向富强奠定了基础，最终“光大天下，克成大业”，成为南北朝时期最杰出的君主之一。

我们通过对老子这一章的解读，透悟人生的规律：只有一切遵循大道，做到敦厚朴实，才可拥有真实的人生。老子说，如果使民众拥有心智，人心就多伪诈，国家就难以治理，推演到个人，如果我们心机太重，不但自己会感到劳累、困顿，而且会破坏与周围人的良好关系。试想在一个人人都狡诈善变、满怀心机的群体里，每个人都想着如何满足自己卑俗的欲望，那么，这个社会就会变得虚伪狡诈、面目可憎，生活在这样一个群体中还有什么乐趣可言呢?

没有人喜欢生活在伪诈的环境里，也没有人喜欢和虚伪的人打交道，要想摆脱这种令人讨厌的生活氛围，必须从自身做起。即使环境每况愈下，也要保持清醒的头脑，将自己恢复到自然的纯真状态，待人接物应秉承自然淳朴的特性。现代社会，很多人主张返璞归真，这在一定意义上会起到作用，但我们必须清楚地认识到，返璞归真绝非仅为一种形式，不只是回归山林，到大自然中去呼吸新鲜的空气，抑或游山玩水，而是达到心灵的回归，心灵的回归就是灵魂彻底抛弃世间的浮华，达到与自然的和谐统一，只有这样我们才算摆正了自己的位置，才能悠然自得，其乐无穷。

第六十六章　莫能与争

江海所以能为百谷王①者，以其善下之，故能为百谷王。是以圣人欲上民，必以言下之；欲先民，必以身后之。是以圣人处上而民不重②，处前而民不害，是以天下乐推而不厌。以其不争，故天下莫能与之争。

①百谷王：川流归依，百川峡谷所归附。②重：累、不堪重负。

【译文】

江海之所以能够成为百川河流所汇聚的地方，乃是由于它善于处在低下的地方，因而能够成为百川之王。因此，圣人要想居上位，必须对百姓表示谦下；要想领导百姓，必须把百姓的利益放在自己的前面。所以，有道的圣人虽然地位居于百姓之上，而百姓并不感到负担沉重；居于百姓之前，而百姓并不感到受害。天下的人都乐意推戴而不厌弃。因为他不与百姓相争，所以天下没有人能和他相争。

【智慧全解】

统治者之所以能领导民众，并得到民众的归顺和爱戴，最主要的原因是他不计较个人得失，甚至将个人的私利放在民众的利益之后，他对待民众就如同江海对待百川一样谦和卑下，一切以民众为先，故而能够得到民众的尊敬和拥护。

做人也是同样的道理，大到治理一个国家，小到管理一个只有几个人的小公司，都是如此。要想使自己的事业昌盛发达，就应该有江海一样的胸怀和品行，时刻把别人的利益放在首位，而不是自己高高在上不可一世，如此才会得到别人的拥护，因而也就没有人想与你争斗，因为任何人都无法与你抗衡，你的背后是人心所向。

曹操的几个儿子中，曹丕和曹植都是能力非常突出的人。两人相比较，各有优劣，谁能够被立为世子，就看谁能更深切地打动曹操的心。平心而论，很多人都喜欢曹植，因为他才华横溢，遭遇悲惨。但仔细一想，他之所以遭遇悲惨，恰恰是因为他才华横溢。有才华不是坏事，但不能“溢”出来，更不能“横溢”。换一个角度看，这种“横溢”其实就是锋芒毕露，是不遗余力地“争”。

我们再来看看某富商的做法。这位商人是华商中的神话，他不仅拥有巨额的财产和庞大的企业，更有着出奇好的人缘。他认为，生意固然重要，但是人与人之间的情谊却是无价的，所以做生意也要像做人一样，要以和为贵，“为而不争”。

上世纪七十年代，世界出现能源危机，他联合竞争对手，集体向外国原料商人订货，以免他们借机哄抬物价，并把自己的库存拿出来给以前的竞争对手救急。此举为他赢得了良好的口碑，虽然大家在商场上有过摩擦，但都认为这位富商是一个“讲义气”的人。

在生意场上，对于合作伙伴和客户，他向来以诚相待。他会努力把生意做好，但绝不斤斤计较；他会充分考虑对方的利益，给对方留出一定的利润空间，实现“双赢”。所以，客户都很信任他，很多时候，他根本不必四处跑动，生意就会自己送上门来。

对于员工，他认为是员工养活老板，而非老板养活员工。因此，把员工放在一个较高的位置上。在公司创业之初，资金还没有盈余时，他就积极改善员工的工作、生活条件。对于老员工，他没有像其他企业家那样将他们一脚踢开，而是积极地给予各种照顾。他常说："假如今日没有那么多人替我办事，我就算有三头六臂，也没有办法应付那么多事情，所以成就事业的关键是要有人能够帮助你，乐于为你工作。"正是因为他对待员工的低姿态，公司的行政人员保持了高度的稳定性，流失率非常低。

可见，争与不争，只是手段；不争而争，更显高明。

佛语中有一个词叫"舍得"，它与"不争"有异曲同工之妙。有舍才有得，"舍不得孩子就套不住狼"。所以，要想得到它，必须先放弃它，放弃是为了得到，只有懂得放弃的人才能最终得到。很多人一开始就摆出一副势在必得的样子，这样做的结果往往是竹篮打水一场空。

这是因为他们不明白"舍得"的道理，不懂得"不争"的妙处，好像不据理力争就失去了做人的准则；凡事不争个你输我赢，就显得自己没有进取心……寸土必争，寸利不让，结果是既没有风度，也没有高度，到头来什么也没有得到，或者得到了蝇头小利，却丢掉了全局利益。

俗话说得好：进一步，万丈深渊；退一步，海阔天空。既然如此，何必还要去争那一步呢？很多时候，人与人之间完全没有必要为了一点小事、小利就争个你死我活，大家都让一步，就能把问题解决于无形之中。你敬人一尺，别人就会敬你一丈，这样一来，你失去的远没有得到的多。这就是"不争"的妙处。

第六十七章　我有三宝

（天下皆谓我道大，似不肖。夫唯大，故似不肖；若肖，久矣其细也夫！①）我有三宝②，持而保之：一曰慈③，二曰俭④，三曰不敢为天下先。慈，故能勇⑤；俭，故能广⑥；不敢为天下先，故能成器长⑦。今舍慈且⑧勇，舍俭且广，舍后且先，死矣！夫慈，以战则胜，以守则固。天将救⑨之，以慈卫之。

①一说以上数句，与下文不合，应为第三十四章错简，可移至“故能成其大”之后。翻译为，天下人都对我说：“道大，却不像大。”正因为道大，所以好像不大。如果像大，很早就细微渺小了。②三宝：三件法宝，或三条原则。③慈：仁慈。④俭：保守，有而不尽用。⑤勇：勇武。⑥广：大方。⑦器长：万物之长。器，指万物。⑧且：取。⑨救：援助。

【译文】

（天下人都说道德广大，不像任何具体事物。正因为它广大，所以才什么都不像；如果它像任何一个具体的事物，那早就变得渺小了。）我拥有三件法宝，执守而且保全它：第一件叫做慈爱，第二件叫做俭啬，第三件是不敢居于天下人的前面。有了柔慈，所以能勇武；有了俭朴，所以能大方；不敢居于天下人之先，所以能成为万物的尊长。现在丢弃慈爱而追求勇武，丢弃俭朴而追求大方，舍弃退让而求争先，结果是走向死亡。慈爱用来征战就能胜利，用来守卫就能巩固。天要援助谁，就用慈爱来护卫他。

【智慧全解】

道是宇宙的本源，它创生天地万物，有着母亲般的慈爱情怀；它拥有天地万物，却从不炫耀自己的富有；对万物有生养之恩，却从不向它们索取什么；它默默无闻，几乎让世人忘记了它的存在，以致“百姓日用而不知”；它操持着宇宙的纲纪，却甘居柔弱，从不表现自己。老子把道的这些品质归纳为“三宝”，即“一曰慈，二曰俭，三曰不敢为天下先”。

有道之士，有了“慈爱”之心，就能够以“百姓之心为心”，将天下人的幸福与快乐当做自己的追求，善于调和一切矛盾纷争，对天下人一视同仁，不分贵贱，不计恩仇，兼爱无私。正因为有了这份仁慈博爱之心，才能够勇于作为，为天下苍生谋求福祉。

公元200年秋天，袁绍统率十万大军进攻官渡。当时曹操的军队很少，与袁绍比起来，确实是众寡悬殊。自八月起至九月终，曹操兵力困乏，粮草不济，关中诸将皆中立观望，部属也惶恐不安，许多人暗中与袁绍勾结，以谋退路。后来，由于袁绍骄傲自大，不肯听信手下谋士的破曹良策，反而妒贤忌能，排斥异己，导致谋士许攸投奔曹操。曹操采用许攸的计策，在乌巢烧了袁绍的粮草，从此战局骤变，最后实现了以少胜多。官渡之战结束后，曹操收拾战场时，从袁绍的文书卷中翻到了许多曹营里的人暗中写给袁绍的投降书信。当时有人向曹操建议，一定要严惩这些人。然而，曹操的见解与众不同，他说：“袁绍强大的时候，我尚且担心性命难保，何况我手下的这些人呢？”他下令把这些密信付之一炬，一概不予追究，从而稳定了军心。

老子给我们的第二件法宝，就是“俭”。老子为什么提倡“俭朴”和“节俭”呢？因为他看到了统治阶级的奢侈骄淫及社会分配的不合理现象，是造成普通民众难以幸福生活的万恶根源。“民之饥，以其上食税多也。”一旦领导者走向铺张浪费，就会使原本平衡和谐的世界扭曲变形而两“极”分化。

曾被美国财经杂志《福布斯》封为“亚洲最富有女人”的龚心如，比英女王还要富有七倍。虽然身家以百亿元计，但她生活十分节俭，从不穿着名牌衣服或享用鲍参翅肚，通常只吃快餐，且居于办公室，出入坐旧车，每个月花费不超过三千元，但她乐善好施，经常捐赠金钱支持慈善事业。

老子给我们的第三件法宝，就是“不敢为天下先”。所谓“不敢为天下先”，并非不为，而是不妄动妄为，是“为而不争”，即谦让处后的意思。守柔处弱是老子一贯的处世哲学，老子认为，柔弱能够战胜刚强，不自夸的人才能功绩昭彰，不自矜持的人才能长久，有道之士循自然规律而动，顺自然之道而行，岂会恣意妄行、胡作非为，更不敢争强好胜而求先进树榜样了。正因为不敢为天下先，反而能够达到成为天下先的目的。

老子所说的三件法宝并不是孤立存在的，而是一个统一的整体。它们贯穿的一条主线，即是如何“保生”。

老子认为，正是因为仁慈，所以才能做到英勇无畏；正是因为节俭，统治者的地位才能长久，其领导的民众才能富足安康；正是因为谦和退让，才能成为万物的尊长。我们从老子的思想进行推理，可以得出一个结论：如果我们舍本逐末就会走上绝路，如老子所言“今舍慈且勇，舍俭且广，舍后且先，死矣”。由此可见，老子将其所说的三宝称为宝贝是恰如其分的。

天下皆谓我道大，似不肖。夫唯大，故似不肖；若肖，久矣其细也夫！我有三宝，持而保之：一曰慈，二曰俭，三曰不敢为天下先。慈故能勇；俭故能广；不敢为天下先，故能成器长。今舍慈且勇，舍俭且广，舍后且先，死矣！夫慈以战则胜，以守则固。天将救之，以慈卫之。

第六十八章 不争之德

善为士[①]者，不武；善战者，不怒；善胜敌者，不与[②]；善用人者，为之下。是谓不争之德，是谓用人之力，是谓配天[③]，古之极[④]也。

①为士：担任将帅。为，治理、管理，此处意为统率、率领。士，士卒，此处作将帅讲。②不与：意为不争，不与人发生正面冲突。③配天：符合天道。④极：准则。

【译文】

善于做将帅的人，不逞其勇武；善于作战的人，不会被轻易激怒；善于胜敌的人，不与敌人发生正面冲突；善于用人的人，对人表示谦下。这叫做不与人争的品德，这叫做善于用人的能力，这叫做顺应天道，自古以来的最高准则。

【智慧全解】

本章阐述老子的军事思想，老子指出要取得战争的胜利，必须克制自己，避免正面交锋，同时要以“不争之德”使各方力量为我所用。

老子认为，为将者必须有良好的心理素质，不但不能骄，而且不能轻易发怒，即“善战者不怒”。愤怒和骄傲一样，是领兵者的大忌，不仅老子这么看，兵家的孙武也是这么认为的。

这是因为战争是国力、人力的较量，也是智慧的较量。“武”、“怒”是军事指挥者暴烈、失去理智的表现。一旦“怒”上心头，就会失去冷静，不能客观地分析、研究敌我双方的优与劣，而以主观臆断和愤怒情绪代替客观实际，给国家和军队带来极大的危害和灾难。

老子虽然反对智慧、谋略这些东西，尤其反对武力、暴力以及一切强大有力的表现，但他本人充满了智慧和谋略，在军事学方面更有独到的见解和高深的韬略。在老子看来，当时正在进行的如火如荼的兼并战争，简直就像小孩子的游戏一般可笑，无数兵车后面跟随着无数步兵，敌对双方的指挥官都是些虎背熊腰的蛮勇之士，根本不讲也不懂什么策略、计划，只经过极为短暂的相互冲撞，便胜负已分。

历史上有勇无谋者并不在少数，他们虽然也青史留名，但绝对不是有德之名。比如三国时期的吕布、张飞等。有勇无谋的人成不了大事，只有那些有勇有谋、智勇双全的人，才是真正的得道之人。所以说英雄无畏，是谋而后动，不是盲目行动，最终的胜利都属于智勇双全的人。

张飞，《三国演义》里说他“身长八尺，豹头环眼，燕颔虎须，声若巨雷，势如奔马”。一看这长相就知道他肯定不是个沉稳冷静的人。事实也是如此，关羽有些时候还知道保持冷静，张飞却从不知道冷静为何物，做什么事情总是风风火火，所以他死于冲动也丝毫不令人觉得奇怪。

张飞一直镇守在阆中，关羽被东吴所害的消息传到他耳朵里后，他“旦夕号泣，血湿衣襟”。手下的将领纷纷来安慰他，陪他喝闷酒，希望他能一醉解千愁，没想到他醉后竟是六亲不认，帐上帐下，有犯错误的人就严刑鞭打，有几个人甚至被活活打死。除了喝酒打人，他每天都对着东吴的方向咬牙切齿，放声痛哭，时刻准备着为关羽报仇雪恨。

刘备在蜀中登基称帝之后，加封张飞。张飞再也忍耐不住，怒气冲冲到了成都，见到刘备，失声痛哭一阵，问他：“陛下今日为君，早忘了桃园之誓！二兄之仇，如何不报？”

刘备回答说：“大小官员都在谏阻，所以不敢轻举妄动。”张飞气愤至极：“别人怎么能了解我们三兄弟当年桃园结义之情？若陛下不去，我一个人豁出这条命去为二兄报仇！如果不能成功，就再也不回来见你！”刘备早就想讨伐东吴为关羽报仇，经张飞一激，再也冷静不下来，当即约好兵分两路，共伐东吴，为关羽报仇雪恨。

张飞回到阆中之后，下令所有部队三日之内全换成白旗白甲，三军挂孝伐吴。第二天，负责后勤的两个末将范疆、张达告诉张飞：“白旗白甲三天之内不可能备齐，得宽限几天。”张飞正在气头上，哪能容得下这两个人，马上让人把范疆、张达绑在树上各打五十大板，然后又告诉他们：“明天必须把东西准备好！如果违了期限，就杀你们示众！”

这下可把范疆、张达两人逼急了，这根本不可能办到，所以他们商量之后，决定也冲动一把，晚上刺杀了张飞，然后投奔东吴去了。

由上可知，只有以冷静的态度对待战争，才能制订出合理的计划，避免不必要的损失，取得好的结果。善于克敌制胜的人，不是要寸土必争，斤斤计较于一时一地之得失，而是要获得最后的胜利。所以，只有以不争的态度来指挥战事，才能够把持全局、操纵战机、进退自如。善于用人者应该在态度上表现得谦下，这亦是高明的策略。也许你会问，善于用人者一定是上级领导人，他们既然拥有用人的权力，为什么还要表现出谦下的姿态呢？一般情形下，领导者总是采取极端严厉的态度来确立自己的威信，其实这是错误的做法，采取谦下的态度才是真正的善于用人，因为一般人往往是吃软不吃硬的。谦下是获得人心的最佳方式，领导者无法以自己的力量完成所有工作，军事指挥官也不可能独立进行一场战争，必须依靠众人的力量，而要依靠众人便需要以谦下的态度将众人凝聚在一起。

军事上如此，人生亦然。遇事不急躁、不冲动，平心静气地思考，细心分析客观现象，就可找到问题的症结，从而得出正确的解决方法。

第六十九章　哀兵必胜

用兵有言："吾不敢为主[1]，而为客[2]；不敢进寸，而退尺。"是谓行无行[3]，攘无臂[4]，扔无敌[5]，执无兵[6]。祸莫大于轻敌，轻敌几丧吾宝。故抗兵相若[7]，哀者[8]胜矣。

①为主：主动进攻敌人。②为客：被动退守而应敌。③行无行：虽然有阵势，却像没有阵势可摆。行，行列、阵势。④攘（rǎng）无臂：虽然要奋臂，却像没有臂膀可举一样。攘，举起。⑤扔无敌：虽然面临敌人，却像没有敌人可赴。⑥执无兵：虽然有兵器，却像没有兵器可执。执，把持。兵，兵器。⑦抗兵相若：意为两军相当。⑧哀者：悲愤的一方，指受侵略的一方。

【译文】

兵家有言："我不敢主动进犯，而宁愿防守；不敢盲目前进一步，而宁可后退一尺。"这就是说，虽然有备战却好像没有备战一样，虽然看似抵挡却看不见我举起来的手臂，虽然似乎有攻击动作却又好像没拿任何兵器，虽然似乎要擒住敌人却又看不见我的战士。没有比轻敌更大的祸患了，轻敌几乎丧失了我的法宝。所以，两军实力相当的时候，悲愤的一方可以获得胜利。

【智慧全解】

老子这一章的重要命题就是：哀兵必胜。为什么会有如此与众不同的观点呢？

在老子看来，主动出击去侵略别人，本身在道德仁义上就输给了别人，为什么这么说呢？如果我们主动出击，对方就为正义而战，人都是有正义感的，对方的民众因我们的贸然进攻而心怀愤怒，其战斗的积极性就会提高，还击的力度就会很大，这对我们是极其不利的。相反，如果我们守而不攻，给对方主动出击的机会，我方的士兵就会愤然还击，置敌于败局。主动进犯别人微不足道的一寸，都会被对方视为凌辱，会有遭受反击的可能，所以应极力避免主动进犯别人。如果我们能够主动后退一尺，表现出谦让和宽容的美德，虽然仅为微不足道的一尺，但却能感化对方，使对方也以退让相待。中国古代有“让他三尺又何妨”的佳话，讲的就是为了一点地盘即将陷入械斗旋涡的双方，最后却因一方的主动退让而化干戈为玉帛。

公元前284年，燕昭王任命乐毅为上将军，统率六国军队攻齐。乐毅攻克临淄后，兵分五路，仅用六个月的时间，就攻取了齐国七十多座城池，只剩下莒和即墨两城未被攻克。即墨军民在守将战死之后，共推齐宗室田单为将。田单充分运用孙武的善守还需善攻的制胜之道，坚守抗燕，静待反攻良机，形成两个抗燕的坚强堡垒。如此相持三年，两城依然未被攻下。

公元前279年，燕昭王死后，惠王继位。惠王做太子时便对乐毅不满，且对三年攻齐不下又有怀疑，于是，田单乘机派人入燕进行间谍活动，宣扬说乐毅借攻齐为名，想控制军队在齐国为王。燕惠王果然中计，派骑劫代替乐毅。乐毅被撤换后，不仅使田单少了一个难以对付的敌手，而且使燕军将士愤慨不平、军心涣散。

骑劫到任后，一反乐毅的做法，改用强攻，但由于齐国军民顽强抵抗，未能奏效。田单为进一步激励士气，诱使燕军行暴，便散布谣言说齐军最怕割鼻子、挖祖坟。骑劫果然中计。即墨军民看到燕军的暴行，个个愤怒异常，纷纷要求同燕军决一死战。同时，田单积极进行反攻的准备工作，先命精壮甲士全部隐伏起来，以老弱、妇女登城守望，使燕军误以为齐军少壮已伤亡殆尽，然后派人向燕军诈降。燕军信以为真，一心坐待受降，更加麻痹松懈。

田单觉得反攻时机已经成熟，便收集了千余头牛，在牛角上扎上锋利的尖刀，身披五彩龙纹的外衣，牛尾绑上渗透油脂的芦苇，并在城脚挖了好几十个洞，直通城外。又挑选了五千名精壮勇士，扮成神怪模样，并令全城军民备好锣鼓，以便出击时呐喊助威。

一切准备就绪。一天夜间，田单下令点燃牛尾上的芦苇，驱赶一千多头火牛从城墙洞中向燕营猛冲狂奔，五千勇士随之杀出，全城军民擂鼓击器以壮声势，一时火光通明，杀声震天。燕军将士从梦中惊醒，仓皇失措，四处逃命，死伤无数，骑劫在混乱中也被杀，围攻即墨的燕军主力彻底溃败。田单奇袭获胜后，立即大举反攻，齐国军民纷纷响应，很快将燕军逐出国境，收复了沦陷的七十多座城池。

俗话说，人不犯我，我不犯人。在侵略战争中，无论侵略者多么强大，都不能以战争手段征服一个民族，特别是民族凝聚力大的国家。历史上有很多这样的战例。比如，第二次世界大战中，侵略者气势汹汹，以闪电战占领了大片土地，最终却兵败如山倒，就是因为他们所遇到的都是“哀兵”。

作为军事统帅，不但自己要以慈悲的胸怀、谨慎的态度对待战争，还必须想办法激发士气，让三军将士同仇敌忾，团结一致，誓死保家卫国。这样的军队才是一支能打胜仗的军队，才能击退任何来犯之敌。

其实，不仅仅是用兵打仗，我们做人也是如此。忍受着委屈的人，一旦化屈辱为动力，他的力量就是惊人的。很多时候，我们真正的、最大的敌人就是自己。我们之所以失败，不是因为敌人比我们高明，而是因为我们从来不曾把自己的虚荣心丢掉。因此，要想战胜别人，首先要战胜自己，让自己成为哀者，才有可能取得最后的胜利。

第七十章　被褐怀玉

吾言甚易知，甚易行。天下莫能知，莫能行。言有宗[①]，事有君[②]。夫唯无知[③]，是以不我知[④]。知我者希，则[⑤]我者贵[⑥]。是以圣人被褐[⑦]而怀玉[⑧]。

①宗：主旨。②事有君：办事有一定的根据。君，指有所依据。③无知：指别人不理解。④不我知：宾语前置，实为“不知我”，不理解我。⑤则：法则。此处用作动词，意为效法。⑥贵：难得。⑦被褐：穿着粗布衣服。被，穿着。褐，粗布或粗布衣服。⑧怀玉：喻为怀揣着知识和才能。玉，美玉，此处引申为知识和才能。

【译文】

我的话很容易理解，很容易施行。但是天下竟没有谁能理解，也无人能实行。言论有主旨，行事有根据。正因为人们不知道这个道理，因此才不理解我。能理解我的人很少，能取法于我的人就更难得了。因此圣人总是穿着粗布衣服而怀里却揣着美玉。

【智慧全解】

老子声称自己的话虽然很简单、很容易理解，但还是没有人能够理解。他为此抒发了自己的抑郁和苦闷。老子还说自己的话是有宗旨的、办事是有主见的，可是人们对此却表现迟钝，甚至不加理会。老子对此颇有怀才不遇、曲高和寡的苦闷。

历史上不乏与老子有着同样情怀的人，我们来看这样一个故事：春秋时期，鲁国国君鲁哀公的门下有个叫田饶的人，此人才华横溢，但没有人能够了解，所以一直没有受到重用。有一次，田饶去见鲁哀公，说道："我要离开鲁国，离开您，像鸿鹄一样飞走了！"

鲁哀公问："你说这些是什么意思呢？"

田饶回答道："大王您难道没有见过雄鸡吗？雄鸡头顶红冠，是文的表现；脚间有距，是武的体现；强敌来到跟前，它敢于与之争斗，这是勇的表现；觅见了食物，就呼唤伙伴过来吃，这是仁的表现；雄鸡守夜，黎明鸣啼报晓，这是守信用的表现。雄鸡虽然有这五种品德，但可怜它天天被您蒸煮而食，这到底是为什么呢？就是因为它是您身边养大的，是从近处来的。而鸿鹄没有雄鸡的五种品德，一展翅却能飞至上千里，来到您的园林池塘边，捉池塘里养的小鱼鳖吃，还啄食园子里种的豆谷，整天无所事事，但您却非常看重鸿鹄，这又是为什么呢？是因为它是从远处飞来的。所以我现在就请求，让我像鸿鹄一样远远地飞走吧！"

鲁哀公说："不行，你不能走，我记住你的话了。"

田饶又说："一个明智的人都知道，吃人家的饭，但不能损坏人家的任何东西；在别人家的大树下乘凉，不能折断大树的树枝。唉！现在有贤士在身边却不重用，只记住他说的话又有什么用呢？"

田饶随后离开鲁国到了燕国，到燕国以后，他被任为国相，仅用了三年时间，就把燕国治理得井然有序，一派和平景象，连盗贼都没有了。鲁哀公听说此事以后，叹息了一番，十分后悔。此后，鲁哀公三个月不入卧室，还把上身的衣服减掉不少，叹道："怨我对此事不慎重啊！现在后悔也晚了，我怎么做都不能挽回了！"

很多时候，真正有本事、有能力的高觉之人，从外表是看不出来有什么特殊之处的，很不起眼。等到人们真正认识他们之后，才会认为他们的长相气质均与众不同。对此，老子用了极其简洁的“被褐怀玉”来概括圣人的外貌，圣人的外部特征是穿着粗布衣服，和平常的人没什么两样，但在如此简陋粗俗的外表下，掩盖的是冰清玉洁的内心，老子称之为“怀玉”。玉是稀世珍宝，也喻指美好的品质，在这里老子用玉来比喻圣人纯洁的内心及不与世道合污的高洁品德。从老子的思想中，我们可以得到这样的启示：真正的美丽是心灵的美丽，而绝非仅指外表的华美。

外表和穿戴的确很重要，但是，到底仪表美和心灵美哪一个更重要呢？对于这个问题，有人曾经说过这样的话：美丽的外貌是肤浅的，锦绣的心灵是厚重的！我们承认美貌令人心情愉悦，使人赏心悦目，但是我们不可以貌取人，因为人不可貌相，海水不可斗量；我们不可忽略内心世界的丰厚，因为真正的宝石是深藏在粗陋的沙石中的，而发亮的并非都是金子。

圣人孔子曾经讲过“以貌取人，失之子羽；以言取人，失之宰予”的话，这就是以貌取人的典型事例。

孔子有许多弟子，其中有一个叫宰予，能说会道，利口善辩。孔子开始对他的印象很好，但后来渐渐发现，他既不孝敬父母，也没有仁德，而且十分懒惰，白天睡大觉。孔子说他“朽木不可雕”。后来宰予参与作乱，被杀死。孔子另有一个弟子叫子羽，长得体态不雅，相貌丑陋。孔子开始认为他资质低下，不会成才，但他从师学习后，回去就致力于修身实践，处事光明正大，从来不去巴结公卿大夫。后来，追随他的学生有三百人，他的声誉传遍四方。孔子听说后，感慨地说：“我凭言语判断人的品质，对宰予的判断就错了；我凭相貌判断人的品质，对子羽的判断又错了。”

连圣人孔子尚会犯下这样的错误，我们就更应该警惕了。身披粗衣属于一个人的仪表，而胸怀珠玉锦绣则属于一个人的心灵。

第七十一章　知不知上

知不知①，尚②矣；不知知，病也。圣人不病，以其病病③。夫唯病病，是以④不病。

①知不知：知道自己有所不知。②尚：通“上”，上等、高明。③病病：把病当做病。病：毛病、缺点。④是以：所以。

【译文】

知道自己还有所不知，这是很高明的；不知道却自以为知道，这就是很糟糕的。有道的圣人没有缺点，因为他把缺点当做缺点。正因为他把缺点当做缺点，所以他没有缺点。

【智慧全解】

这一章是人贵有自知之明的格言。在现实生活中，有些人自以为是，不懂装懂，刚刚了解了一些事物的皮毛，就自以为掌握了宇宙变化与发展的规律；还有些人没有什么知识，而是凭借权力地位，招摇过市，摆出一副智者的架势，用大话、假话欺人、蒙人。对于这些人，老子大不以为然，并且提出了尖锐的批评。

在老子看来，真正领会道之精髓的圣人，不轻易下断语，即使是对已知的事物，也不会妄自臆断，而是把已知当做未知，这是虚心的求学态度。只有抱持着这种态度，才能使人不断地探求真理。所以，老子认为，“知不知”才是最高明的。从古至今，刚愎自用、自以为是的人并不少见。这些人缺乏自知之明，刚刚学到一点知识，就自以为了不起，从而目中无人，目空一切，甚至不把自己的老师放在眼里。这样的态度很不正确，老子认为这是一种病，有这种病的人无法取得真知识，有时还会引出祸害来。

孝成王七年（公元前259年），秦军与赵军在长平对阵。当时赵奢已死，蔺相如也告病危，赵王派廉颇率兵攻打秦军，秦军几次打败赵军，赵军便坚守营垒不出战。秦军屡次挑战，廉颇均置之不理。秦军间谍说：“秦军所厌恶忌讳的，就是怕马服君赵奢的儿子赵括来做将军。”赵王听信了谣言，因此就以赵括为将军，取代了廉颇。蔺相如说：“大王只凭名声来任用赵括，就好像用胶把调弦的柱粘死再去弹瑟那样，不知变通。赵括只会读他父亲留下的书，不懂得灵活应变。”赵王不听，还是命赵括为将。

赵括从小就学习兵法，谈论军事，以为天下没人能比得过他。他曾与父亲赵奢谈论用兵之事，赵奢都难不倒他，可是赵奢却并不说赵括的才能有多好。赵括的母亲问赵奢这是什么缘故，赵奢说：“用兵打仗是关乎生死的事，而他却把这事说得那么容易。如果赵国不用赵括为将也就罢了，要是一定让他为将，使赵军大败的一定就是他。”

听说儿子被任命为主将，赵括的母亲也赶紧上书劝阻。赵王把她召来询问理由。赵母说：“他父亲当将军的时候，总是把大王所赏赐的东西分给部下共同享用，带兵期间绝不关心家事。现在赵括当上了将军，把大王赏赐的东西全部藏在家里，每天到外面寻找良田美宅，可买的就买下。您看他们父子俩相差是不是太大了？希望大王千万不要用他为将。”但赵王仍坚持己见。

赵括代替廉颇之后，把原有的规章制度全都改变了，把原来的军吏也撤换了。秦将白起听说了这些情况，便调遣奇兵，假装败逃，又去截断赵军运粮的道路，把赵军分割成两半，使赵军士卒离心。过了四十多天，赵军已饥饿不堪，赵括出动精兵亲自与秦军搏斗，秦军射死了赵括。赵括军队战败，几十万大军投降秦军，秦军最后把他们全都活埋了。此次战役，赵国前后损失共四十五万人。

赵括就是得了“不知知”这种病。他自以为熟读兵书，就通晓了打仗的道理，由于没有意识到自己认识上的局限性，凭借自己的错误认识去用兵，所以，失败的命运是不可避免的。由此可以看出，在认知事物的过程中，只有正视这种病，看到这种病，才不至于犯这种病。也就是说，只有知道人容易不知而自以为知的毛病，才不至于不懂装懂，也才能在认识领域中不断丰富自我。

苏东坡说：“人皆养子望聪明，我被聪明误一生。惟愿孩儿愚且鲁，无灾无难到公卿。”这虽然是苏东坡对当朝的讽刺，但也说明一个人自作聪明是很难立身处世的。

我们身处现代社会也是一样，为了事业的成功，或者爱情的成功，常常无所顾忌，勇往直前，这本来是好事，然而一旦走错路，又不听别人的劝告，不肯悔改，结果就会与自己的奋斗目标南辕北辙。

第七十二章　自知自爱

民不畏威，则大威至[①]。无狎[②]其所居，无厌[③]其所生。夫唯不厌，是以不厌[④]。是以圣人自知不自见[⑤]，自爱不自贵[⑥]。故去彼取此。

①民不畏威，则大威至：第一个“威”指统治者的镇压和威慑，第二个“威”指可怕的事，作祸乱讲。②狎：通“狭”，意为压迫、逼迫。③无厌：不要压迫、阻塞。④夫唯不厌，是以不厌：只有不压迫，才不会有反抗。第一个“厌”是压迫的意思，第二个“厌”指人民对统治者的厌恶、反抗斗争。⑤不自见：不自我表现、自我显示。见，同“现”。⑥自贵：自显高贵。

【译文】

当人民不畏惧统治者的威压时，可怕的祸乱就要到来了。不要逼迫得人民不得安居，不要欺压得人民无法生活。只有不压迫人民，人民才不厌恶统治者。因此，圣人有自知之明而不自以为是，懂得自我珍爱而不显耀权势。所以要舍弃后者（自见、自贵）而保持前者（自知、自爱）。

【智慧全解】

古代的君主为了产生形式上的威严，规定了许多威严的礼法。比如皇帝一到，群臣百姓要回避跪倒，衙门口放上凶神恶煞的大石狮子等。这实际上反映了君主的虚荣与缺乏自信。真正的权威不是靠仪仗支持的。这种权威在人民革命面前，就像秋风扫落叶一样。领导者的最大权威在于不乱施淫威，不要因为普通百姓弱小就强迫他们去做他们不愿意做的事情。真正有权威的领导者不是远离人民，而是处于人民之中。一出宫就前呼后拥，鸣锣开道，沿路设防，地方官接驾，这样的君主如何能产生真正的威信呢？领导者的威信在于“信”，而不在于“威”。领导的威望从哪里来？靠上级封不出来，靠权力压不出来，靠自己吹不出来，靠小聪明骗不出来。只有真心真意、尽心尽力、坚持不懈地为百姓办实事，才能逐步树立起来。一个国家的领导者和人民亲如一家，政府官员和警察等没有特权，不但不会伤害守法的百姓，相反却保护他们的自由，帮助他们解决各种难题，这样的领导者会得到人民的信赖、爱戴和拥护。如此，真正的权威、威望就产生了，谁想推翻他都会受到所有人的反对。

原始社会末期，夏启率先破坏禅让制，通过父亲的权威夺得帝位，子承父业，天下共愤。其中有一个部族首领叫有扈氏，他首先站出来指责夏启不应当抢夺伯益的王位，并要求夏启把王位立即还给伯益。

夏启不肯，有扈氏一怒之下征讨夏启，双方在甘泽举行决战。决战之后，夏启的军队被有扈氏打得七零八落，几乎全军覆没。

夏启的下属大臣建议赶快补充人员，重整军队，准备第二次战斗。可是，夏启没有这样做，他知道很多人不赞成父死子继的规矩，所以才不肯拥护他。在这种情况下，肯定没有人来参加他的军队，打败对手简直是痴心妄想。要想取得胜利，首先必须把人心拉向自己这一边，让人们知道自己是一个贤能的人，由他来继承王位是符合实际的。

于是，夏启开始严格要求自己，以博得人们对他的信任。吃饭时他只吃一碗清淡的蔬菜，睡觉时只铺一张很薄且又粗糙的旧褥子，除了祭神和祭祖以外，他从不演奏音乐作为娱乐。他还爱护孩子，尊敬老人，并且提拔贤能：谁有本领，就请来加以重用；谁懂得武艺，就请来让他带兵打仗。

夏启这样坚持了几年，取得了巨大的成果，他的声誉大大提高了。人们常常说："夏启真不愧是夏禹的好儿子！你看他要求自己多么严格，对待别人又多么热情、有礼貌。天下就应当交给像他这样的人来治理！以后要是有谁再来和他争王位，我们应当全力保护他才对。"

人们互相传颂着夏启的好处和优点，不约而同地认为夏启是夏禹的唯一继承人，对于父死子继的制度，再也没有人觉得不合理了。夏启看到人心已经倒向他这一边，于是发动了对有扈氏的战争。这一次有了人们的大力帮助和支持，他的力量大大增强，终于把有扈氏打得大败。有扈氏本人做了俘虏，被放逐到草原地区。夏启成功地解除了有扈氏对自己的威胁，地位也得到了巩固。

得人心者得天下，失人心者失天下。夏启的智慧主要表现在两个方面：一是有自知之明。他知道人心得失是战争胜负的关键，自己暂时不得人心；二是从长计议。为得天下人心，他没有自吹自擂，而是严格要求自己，从实际做起，最终取得了胜利。

由此可见，如果君王或统治阶级能够有自知之明，不过分显示自己的权势，明白"民可载舟，亦可覆舟"的道理，并且自重自爱，不过分强调自己的尊贵，就可以避免人民的反抗。

对于当权者有这样的要求，对于我们普通人来说也是一样。我们在认识和实践大道的时候，要珍惜自己所拥有的，明了自己所没有的，不要让他人感觉到我们的出众，也不要让他人感觉到我们的尊贵，以免耀人眼目，使他人厌烦我们，这样我们就不会与他人发生冲突，而能和平共处。

第七十三章 天网恢恢

勇于敢[①]则杀，勇于不敢[②]则活。此两者，或利或害。天之所恶，孰知其故？（是以圣人犹难之。[③]）天之道[④]，不争而善胜，不言而善应，不召而自来，绰然[⑤]而善谋。天网恢恢，疏而不失[⑥]。

①敢：勇敢、坚强。②不敢：柔弱、不逞强。③一说此句为第六十三章错简重出，当删。④天之道：指自然的规律。⑤绰（chǎn）然：安然、坦然。⑥天网恢恢，疏而不失：天道像个广大的网，虽然稀疏却能做到万无一失。意为人为之事即使百密终有一疏，只有天道自然才能做到万无一失。天网，天道之网。恢恢，广大无边。失，漏失。

【译文】

勇敢而胆大妄为就会遭到杀害，勇敢而不逞强就能保全性命。这两种行为，一个获利一个获害。上天厌恶之，谁知道是什么原因呢？（圣人也难以解说明白。）自然运行的规律，是不斗争而善于取胜，不言语而善于回应，不召唤而自动到来，从容坦然而善于安排筹划。苍天布下的法网宽广无边，虽网眼稀疏，但不会漏失。

【智慧全解】

“天网恢恢，疏而不失。”这是老子的又一句名言。这句话更多的是用在犯罪分子或那些多行不义的人身上。老子认为，两种不同的勇，会产生两种不同的结果，一则遭害，一则存活。他说，勇气建立在妄为蛮干的基础上，就会引来杀身之祸；勇气建立在谨慎的基础上，就可以保全性命。勇与柔相结合，人们就会得到益处；勇与妄为相结合，人们就会遭受灾祸。同样是勇，利与害大相径庭。

这更像是对常识的颠覆。当我们都认为勇敢是一种美德的时候，从老子的眼睛里流露出的却是冷笑和嘲讽的目光。确实，很多勇敢的人在勇敢中死去，就像是庄子描绘过的那个“怒其臂以当车辙”的螳螂。知其不可而为之，你能说它不勇敢吗？但它留给世界的也许只是一个笑料，或者一个成语——匹夫之勇。勇敢并不构成一种独立的美德，它必须与智慧结合起来。

真正勇敢的人是懂得自知与自爱的。何谓真正的勇敢呢？老子认为勇敢有两种解释：一种是勇敢到胆大妄为的程度，肆无忌惮，没有不敢做的事，杀人放火、抢劫偷盗、强奸贩毒、横行霸道。这不是真正的勇敢，而是犯罪。因为他们不懂得自知自爱，也不懂得知人爱人，迟早有一天会遭到报应而灭亡。另一种是勇敢而不忘乎所以，知道何事可为，何事不可为，不胡作非为，而是用自己的勇敢去帮助他人，保护自己。这才是真正的勇敢，因为他们自知自爱，也知人爱人，所以他们就不会灭亡。

老子所说的“天网”，是指整个大自然或宇宙万物所形成的“天罗地网”，在其间没有任何事情是没有理由或莫名其妙而发生的。我们往往因为找不到理由就说某件事情是偶然的，正如遇到挫折时，往往认为是命运或鬼神在捉弄自己。

人们以为自己在自由选择，事实上，只要澄清因果关系，就必须承认，所有的一切都在一个大的罗网之中，任何事物都难以逃避。

明朝成化年间，浙江永嘉有个书生名叫王杰，在家诵习待考。一天，家僮王二和潮州卖姜客人吕大发生争执，王杰上前劝解，失手打昏吕大。主仆二人赶紧救醒吕大，并赔礼赠绢，吕大拱手作别。

到了晚上，渡口船家周四突然来到，提着绢和姜篮，声称吕大到船上后便死去了。临死时吕大把白绢、姜篮交给他为证，请他代为伸冤，并说死尸现在就在门外的船上。王杰大惊，看过尸体后信以为真，于是给了周四六十两银子，并派两个家人把尸体埋掉了。

不久，王杰的家人胡阿虎因事被主人责打，遂将吕大之事告到官府，王杰因此被抓入狱。半年后，吕大到王家探问，大家才知吕大未死。原来，当天吕大拿了白绢、篮子上船，和船家谈及白绢的来历，船夫周四便买下白绢和篮子，到王杰家诈钱，那具死尸其实是河中的浮尸。知县查明实情后，当堂拷打周四，周四被打得皮开肉绽，鲜血淋漓，死于大堂之上。

俗话说，恶有恶报，善有善报；不是不报，时候未到；时机来到，一切全报。无论是杀人者还是大贪官，他们的落网或由于本人运气不好，或因为办案人员的火眼金睛，但最终逃避不了的是天理昭彰。既然恶果已经种下，就必然有成熟的时刻，对杀人者如是，对偷窃者如是，对于贪官更是如此。在他们迈出犯罪道路的第一步时，就已决定了日后的命运。即使是中国历史上最辉煌的贪官和珅，最终也难逃抄家的命运。作恶再巧妙，百密终有一疏，罪恶终有一天会被揭露出来。

这就是道。道是看不见、摸不着的，但它又无所不在，天地万物的生长变化都在道的掌控之中，万物只有顺道才能得其生，逆道必亡败。所以，天道是触犯不得的，触犯天道必将受到天道的惩罚。

第七十四章　民不畏死

民不畏死，奈何[①]以死惧[②]之？若使民常畏死，而为奇者[③]，吾得执[④]而杀之，孰敢[⑤]？常有司杀者[⑥]杀。夫代司杀者[⑦]杀，是谓代大匠斫[⑧]。夫代大匠斫者，希有不伤其手矣。

①奈何：为何。②惧：使动用法，使……怕……③奇者：个别的不轨之徒。奇：作恶。④执：拘押、抓捕。⑤孰敢：（这样一来）谁还敢（不法为非）？⑥司杀者：负责行邢的人。⑦代司杀者：代替掌管杀人的人。⑧斫（zhuó）：大锄，引申为用刀、斧等砍、削。

【译文】

人民不畏惧死亡，为什么还要用死来吓唬他们呢？假如人民真的畏惧死亡，对于为非作歹的人，我们依法抓捕他，谁还敢为非作歹呢？若民众犯罪依法被处死，通常有专职官员去执行杀人的任务。代替专职官员去杀人，就如同代替高明的木匠去砍木头一样。代替木匠砍木头的人，很少有不砍伤自己手指头的。

【智慧全解】

古人云：蝼蚁尚且贪生，何况人乎？生对于我们而言是有重大意义的，没有生命，谈什么都没有意义，人人都珍惜自己的生命，这是毋庸置疑的。老子说人民不害怕死亡，为什么人民会不怕死呢？这是个令人疑惑的问题。我们联系当时的社会背景就不难发现“民不畏死”的原因了。春秋晚期社会动荡不安，统治者荒淫无度并且对人民施行苛刻的政令，甚至不惜屠杀人民来满足自己的欲望，生活在水深火热之中的人民朝不保夕，他们对生的渴望很淡漠，在他们看来生是痛苦的，死倒是一种最好的解脱，所以他们自然不害怕死了。对于不怕死的人，以死相威胁还有什么意义呢？

孙子靠杀掉吴王两个不听指挥的宠姬立威，就能让两百个宫女迅速地听从指挥像普通战士那样摸爬滚打。而国家的运作则复杂得多，人们要参与不同的社会经济活动，有不同的利益关系就会互相牵制。但有一点，必须服从。

统治者必需要满足老百姓“甘其食，美其服，安其居，乐其俗”的生活需要，绝大多数人都会“畏死”——谁会能过好日子还去找死呢？但是，任何社会都免不了有极少数唯恐天下不乱的人。这样的人尽管少，但对社会安定的影响和破坏力却不小。从治理国家的角度出发，必须要惩罚他们，制止他们继续破坏大多数人享有安定幸福的生活的权利。

惩罚的最高级就是死刑。当然，死刑是手段而不是目的。既然是手段，就要注意效果，不要适得其反。死刑只杀必须杀而且应该杀的人，这样才有震慑力和良好的社会效应。

秦国以法家思想治国，以严刑峻法对待人民。其实，依法治国没有错，错就错在法律过于苛严，把百姓置于自己的对立面，完全不考虑百姓的感受，动不动就诛连九族，一人犯法，全家倒霉。

公元前209年，秦二世下令征发淮河流域的九百名贫苦农民去防守渔阳，佣农出身的陈胜和贫农出身的吴广被指定为屯长。当他们走到蕲县大泽乡的时候，连绵的阴雨把他们阻隔在这里，不能如期赶到渔阳戍地。按照秦法规定，误了期限就要全部被处死。

押送他们的两个军尉非常凶暴，陈胜和吴广就借机把军尉杀掉，接着对大家说："各位遇到大雨，都已误期，误期要被处斩。即使不杀我们，而戍守边疆死的也有十之六七。何况壮士不死则已，既然要死，就要干出一番轰轰烈烈的事业来！"他们的话激励了戍卒们的斗志。大家推举陈胜为将军，吴广为都尉，提出了"伐无道，诛暴秦"的口号，组成一支农民起义军。中国历史上第一次农民大起义爆发了。

为了扩大影响，他们夜晚在驻地附近的神祠中燃篝火，装狐鸣，发出"大楚兴，陈胜王"的呼声，被民间传为神的旨意。陈胜、吴广率领农民起义军，占领大泽乡、攻下蕲县，很快攻占了五六个县城。起义军所到之处，贫苦农民纷纷响应。陈胜、吴广领导的起义军攻占陈县后，建立了"张楚"政权，以陈胜为王。

张楚政权的建立，促成了全国范围内反秦斗争的高潮，各地百姓久苦于秦政，纷纷响应陈胜。六国贵族的残余势力也纷纷起兵反秦。不到三年，强大的秦王朝就在天下反秦的浪潮中轰然倒下。

陈胜、吴广之所以要揭竿而起，是因为活不去了，横竖是一死，谁还会害怕死亡呢。统治者把老百姓逼到了不怕死的地步，也就是自己给自己找掘墓人。

可见，一旦人民不再惧怕死亡了，国家的制度、刑罚也就形同虚设，或者说根本起不到任何惩处震慑的作用，因此那些铤而走险、为非作歹、烧杀抢掠、作奸犯科之徒也就越发猖獗。一个国家的君主或是统治机构，如果能一心为人民着想，以人民的利益为重，让人民安居乐业，幸福快乐地生活，并且经常对人民进行道德法律制度的宣传教化，使人民在畏惧死亡的同时又明了法规制度的限制，在万不得已的时候才动用死刑，这样使人民明白刑罚的威严，又知道生命的宝贵，就不会有人再敢以身试法，而人民也自然不会冒死犯险了。这时才能真正起到惩戒的效果，也才能真正做到杀一儆百。

第七十五章 取之有制

民之饥，以其上食税之多，是以饥。民之难治，以其上之有为[①]，是以难治。民之轻死，以其上求生之厚[②]，是以轻死。夫唯无以生为[③]者，是贤[④]于贵生[⑤]。

①有为：繁苛的政治，统治者强作妄为。②求生之厚：生活奉养过于丰厚奢侈。③无以生为：不要使生活上的奉养过分奢侈丰厚。④贤：胜过、超过。⑤贵生：厚养生命，热爱生活。

【译文】

人民之所以饥饿，是由于统治者的赋税太多，所以才会陷于饥饿。人民之所以难于统治，是由于统治者强作妄为，所以才会难于治理。人民之所以轻生冒死，是由于统治者贪图丰厚奢侈，所以才会不怕死亡。只有不追求生活享受的人，才比过分看重自己生命的人更胜一筹。

【智慧全解】

老子在上一章对严苛的政治压迫给予了抨击，要求统治者善待民众，在本章又对繁重的经济剥削进行指责。他认为，宽容的政治比暴虐的政治要高明得多。因为一旦人民不畏惧死亡而进行反抗，为求生存而发起暴动，统治者的灭亡之期也就不远了。

从政治上讲，人民的反抗是由统治者的苛政和沉重的赋税所引起的，也就是说，剥削与高压是发生政治祸乱的最主要原因。老百姓在这种情况下，只有铤而走险，毫不畏惧死亡。

晋武帝司马炎是西晋的开国皇帝，虽然他登上皇位后在政治、经济等诸方面进行了一系列改革，但他缺乏远大的谋略，生活糜烂而贪图享受，为西晋王朝走向腐朽和灭亡埋下了隐患。

晋武帝的骄奢淫逸在历代帝王中是罕见的。他曾下诏挑选公卿以下人员的女儿，以备六宫之用，有藏匿女儿者以不敬罪论处。他规定，挑选期间禁止天下人嫁娶。一时之间，全国上下的女孩子被迫"败衣瘁貌以避之"。

晋武帝整天游玩，不理朝政，后宫妃妾达万人之多。晋武帝对她们个个宠爱，晚上竟不知道该到哪位妃子处过夜才好。于是，他想了个办法，一到晚上，他便乘坐羊车在宫内转悠，羊车停在哪里就在哪里设宴住宿。妃子们为了得到晋武帝的宠幸，便将竹叶插在窗户上，把盐汁洒在地上，以此吸引羊车停到自己门前。晋武帝的荒淫糜烂可见一斑！

在晋武帝的影响下，西晋王朝上下奢靡成风。大官僚何曾每天光吃饭就要花费一万钱，他的儿子也是"食必尽四方珍美，一日之供，以钱二万"。晋武帝的女婿王济请客，竟用一百多个艳装女子手托食盘以代替餐桌。菜肴全是山珍海味，其中有只蒸小猪，晋武帝很是爱吃，王济竟大言不惭地说是用人奶喂养而成的，故而鲜美。

晋武帝死后，惠帝司马衷继位，他的荒淫无度较晋武帝有过之而无不及。最终，西晋爆发了"八王之乱"，短命的西晋王朝只维持了二十六年就走向了灭亡。追本溯源，统治者的荒淫无度是最大的祸根。

君主的行为关系着一个国家的兴与衰，西晋王朝之所以只维持了二十六年就覆灭，主要是因为一个"奢"字。君主奢侈糜烂、生活腐化，政治自然就不会清明，江山自然就不会稳固。

实际上，统治阶级与被统治阶级的矛盾是从开始有阶级分化就存在的。矛盾平缓的时候，标志着统治阶级的治理是以人民为重的，这时人民安宁富裕，而统治阶级也逐渐兴盛强大。但矛盾激化的时候，特别是封建统治阶级残暴与贪婪时，矛盾的双方就会势不两立，人民就会铤而走险，起来反抗统治者的统治，有扯旗放炮占山为王的，有为匪为盗杀富济贫的。

对于一国之君是这样，延伸到企业、公司的领导人也同样如此。如果你是一个企业的领导者，只有以事物自身的发展规律，以及市场变化的规律为指导原则，进行相应的谋划，制订相应的管理制度，才能确保企业之舟顺利航行，日益发展和壮大，否则，企业之舟便会在市场的汪洋中挣扎漂摇，逐渐萎缩衰败。

第七十六章　柔弱处上

人之生也柔弱[①]，其死也坚强[②]；草木之生也柔脆[③]，其死也枯槁[④]。故坚强者死之徒[⑤]，柔弱者生之徒。是以兵强则灭，木强则折，强大处下，柔弱处上。

①柔弱：指人体的柔软。②坚强：指人体的僵硬。③柔脆：指草木形质的柔软脆弱。④枯槁：形容草木枯萎残败。⑤死之徒：属于死亡的一类。徒，类。

【译文】

人活着的时候身体是柔软灵活的，死了以后身体就变得坚固僵硬；草木生长的时候是柔软脆弱的，死了就变得干硬枯槁了。所以说坚固强硬的东西与死亡同属一类，柔弱细微的东西与生存同属一类。因此，用兵逞强就会遭到灭亡，树木强大了就会遭到砍伐摧折。凡是强大的总是处于下位，凡是柔弱的反而居于上位。

【智慧全解】

柔弱是生命的本质，有生命力的东西总是以柔弱的姿态出现在我们眼前。坚强是生命的假相，以坚强的姿态呈现在我们眼前的东西，其生命力往往很脆弱。比如壮年人骨坚体壮，但一次不小心的摔跤就有可能使其骨折。几十年不生病的人很坚强，但一次小小的风寒就有可能夺去其生命。

相传孔子曾经向老子请教什么是道，老子并没有回答他，只是张开嘴，让孔子看了看。孔子先是疑惑，随即大悟。因为他在老子的嘴里看到了舌头，却没有看到牙齿。原来牙齿仗着自己很坚硬、强大，敢于咀嚼一切入口之物，结果早早地脱落了；而舌头却因为柔弱，不与入口之物争强较胜，反而调和它们，因而得以保全。可见，柔弱就是道的真谛所在！

我们人类也要学会用柔弱的姿态处世，无数历史事实证明，姿态柔弱、处世低调的人，往往能以柔克刚，左右逢源，成为生存博弈中的优胜者。相反，那些血气方刚、桀骜不驯或者自命清高、鹤立鸡群的人，往往处处碰壁，成为生存博弈中的失败者。

三国时期的关羽纵横天下几十年，使多少英雄被夺命摧魂，但他却栽在书生陆逊的手里。

所以，真正有智慧的人，正是善于以柔弱来体现自身，来博得人们认同的人。无论什么时候，千万不要藐视柔弱的东西，柔弱的东西最善于变化，柔而能刚，弱而能强，它的生命力是很强大的。

在现实社会中，如果我们不懂得“柔弱”处世之道，处世过于刚强，锋芒毕露，就容易受到别人的攻击，处处碰壁，甚至招致灾祸。尤其是那些争强好胜，恃才傲物，事事强出头，急功近利，贪慕权位利禄的人往往招来祸患，过早地扼杀了自己。柔弱一点，凡事给自己和他人留点余地，这样我们的人生才不会硬极而折。

第七十七章 损有余而补不足

天之道，其犹张弓与？高者抑[①]之，下者举之；有余者损之，不足者补之。天之道，损有余而补不足；人之道[②]则不然，损不足以奉有余。孰能有余以奉天下？唯有道者。（是以圣人为而不恃，功成而不处，其不欲见贤。[③]）

①抑：压低。②人之道：社会的法则。③一说以上几句与文义不符，疑为错简，当删。

【译文】

自然的规律，不是很像张弓射箭吗？弦拉高了就压低一些，低了就举高一些；拉得过满了就放松一些，拉得不足了就补充一些。自然的规律，是减少有余的而去补给不足的。社会的法则却不是这样，总是剥夺不足的而去奉献给有余的。谁能够把有余的拿出来去供奉给不足的呢？只有有道的人才可以做到。（因此，圣人做事而不自恃功高，功成业就而不居功自傲，不愿意使自己显得过分突出。）

【智慧全解】

古人云："不患贫而患不均，不患寡而患不安。"不均等是一切祸乱产生的根源，大自然的法则是追求平等，所以它能长存；而人间的法则是不平等，所以人心才会不安，才会有动乱的发生。

老子用张弓的形象来比喻"天道"的运动，高了抑之向下，低了举之向高。又仿如天秤，把重的一边拿出一些放到轻的一边，以保持平衡。对平衡而言，高的那一边放上砝码压一压，低的那边减少一点重量举一举。这种运动形式类似于"天道"的运动形式，总机制就是"损有余而补不足"。

在人类社会发展史上，无论古今中外任何民族，都会由于极度不平等而产生变革，进行一次调整，从而被新的暂时比较平衡的社会所取代。但暂时比较平衡的社会又会因人的私欲而逐渐发展为一个极度不平衡的社会，于是又产生变革，如此周而复始，可很少有人能吸取这个教训。因为人类的私有欲、蒙昧扭曲了人的本性，"人之道"再也不像自然大道那样无私无欲，"损有余而补不足"。恰恰相反，是"损不足以奉有余"，结果天下贫富悬殊，两极分化，穷者愈穷，富者愈富。

天之道，其犹张弓与？高者抑之，下者举之；有余者损之，不足者补之。天之道，损有余而补不足。人之道则不然，损不足以奉有余。孰能有余以奉天下？唯有道者。是以圣人为而不恃，功成而不处，其不欲见贤。

第七十八章　弱能胜强

天下莫柔弱于水，而攻坚强者莫之能胜，以其无以易①之。弱之胜强，柔之胜刚，天下莫不知，莫能行。是以圣人云：“受国之垢②，是谓社稷主；受国不祥③，是为天下王。”正言若反④。

①易：代替。②受国之垢：意为承担全国的屈辱。受，承担。垢，污垢、耻辱。③受国不祥：意为承担全国的祸难。不祥，灾难、祸害。④正言若反：正面的话好像反话一样。

【译文】

天下万物没有比水更柔弱的了，而攻坚克强却没有什么能胜过水的，没有任何东西可以代替它。弱能胜强，柔能胜刚，天下没有人不知道，但却没有人能实行。所以圣人说：“能承担国家的屈辱，才配做国家的君主。能承担国家的祸灾，才有资格成为天下的君王。”正面的话好像在反说一样。

【智慧全解】

水是天下最柔软的东西，同时又是天下最能攻坚克强的东西，一滴水不断地坚持就可以凿穿金石。即使是最锋利的宝剑，不管怎么砍也砍不断水流，所谓“抽刀断水水更流”就是这个道理，其根源就在于水的坚持和汇集。一滴水，只要坚持就能洞穿石头；一滴水，只要坚持就能锈蚀宝剑；一滴水，只要不断汇集就能集聚强大的力量，无坚不摧。

水在老子的《道德经》里多次出现，作为柔弱的象征贯穿于老子思想的整个过程中，备受老子称道。

老子说天下万物没有比水更柔弱的了，然而它却是坚强的。天下人都已清醒地认识到了柔能胜刚、弱能胜强的道理，但却不能像水一样貌弱而实强，这是为什么呢？这是因为在弱肉强食的社会里，人们从小就被灌输一种思想，那就是要争先、争强，决不能软弱，软弱就会被鲸吞。在这种思想的驱使下，人们变得争强好胜，然而，越是争强越不可能强大，真正的强者从来不争，而是甘居下位，温顺无比，但却是最有力量的。比如越王勾践，不以自己的荣辱为荣辱，为了国家不惜忍辱负重，他像水一样柔弱，能屈能伸。因此，老子认为配得上做一国之主的人，能够承受得了国家的耻辱。

康熙皇帝继位时才八岁，按照当时的规矩，“皇帝年幼，由顾命大臣辅政”。当时由顺治帝临终时指定的辅助小皇帝的四个顾命大臣中，鳌拜最为专权，他并不把康熙放在眼里，贪赃枉法、自行其是。康熙五岁就会写诗，才华出众，他觉得鳌拜处处与自己作对，是个心腹大患，于是就早做准备。他把一些满洲贵族的子弟招来宫中练习武艺，作为自己的亲信侍卫。

鳌拜大权独揽，时刻严防有实力的大臣接近皇帝，并不断派人观察宫中的动静，不让康熙羽翼丰满，要使他成为一个名副其实的“孤家寡人”，这样自己就可以“挟天子以令诸侯”。他看见康熙和一些孩子在玩摔跤的游戏，并不觉得对自己有任何威胁，反而认为康熙胸无大志，只知玩耍，渐渐放松了警惕。

一次，鳌拜称病，许久不来上朝，康熙便亲自来到鳌拜府中探听虚实。他径直来到鳌拜的卧室，发现鳌拜在席子下面藏有利刀，知道鳌拜心怀叵测。但他很沉得住气，不但不加以责怪，反而安抚说："满洲勇士，身不离刀，乃是本色。"鳌拜听了觉得康熙是个小糊涂，更加为所欲为。

康熙探病回宫，就把那帮孩子找来，说："大清朝已处在危急关头，你们是听我的，还是听鳌拜的？"那些孩子平时受到皇上的优待，自然是愿意听皇上的，于是，康熙就设下了一个陷阱。

随后，康熙将鳌拜召进宫来，鳌拜不知是计，大摇大摆地来见皇上。康熙命那些孩子玩摔跤游戏给鳌拜看。孩子们玩着玩着，一个个跌打翻滚到了鳌拜身前，这个抱腿，那个抓头，顿时将鳌拜掀翻在地。但鳌拜也不是省油的灯，他号称"满洲第一勇士"，力大无穷，他猛一挣扎，那些孩子都被他绊落在地，但这些孩子都效忠康熙，尽管敌不过鳌拜，仍死命纠缠住他不放。危急关头，康熙拿出藏在袖中的匕首，一刀刺进鳌拜胸中，众孩子蜂拥而上，将鳌拜擒住，康熙当即宣告：鳌拜谋反，监禁听审。

康熙解除了权臣鳌拜和他的党羽后，自己亲政。他文能治国，武能安邦，平息三藩叛乱，收复台湾，威震华夏，在位六十一年，是历史上最成功的帝王之一。

由此可知，普天下的事物，强势的并不一定是强大的，有些时候，看起来弱小的反而能够战胜强大的，无论是人还是动物，都会有这种反常现象的发生。

不过有一个重要前提是不变的，那就是弱小的一定要有韧性、积极努力，这是弱小战胜强大的前提。根据这个道理，即使你与竞争对手相比，明显处于劣势，也不要灰心丧气，只要你不畏挫折、积极努力，就极有可能战胜强大的对手，成为最后的胜利者。

第七十九章　以德报怨

和[①]大怨，必有余怨，（报怨以德，[②]）安可以为善？是以圣人执左契[③]，而不责[④]于人。有德司契，无德司彻[⑤]。天道无亲[⑥]，常与善人。

①和：调和。②一说此句为第六十三章错简，当移于此。③左契：债券的回执。契，契约。④责：讨债。⑤司彻：支持赋税，掌管税收的官职。⑥无亲：没有亲疏。

【译文】

调和深重的怨恨，必然还会有残余的怨恨，（用德来报答怨恨，）这怎么可以算是妥善的解决办法呢？因此，圣人虽然保存借据的存根，却不向人索取偿还。有德之人就像持有借据的圣人那样宽容，无德的人就像掌管税收的人那样苛刻刁诈。自然的法则对任何人都没有亲疏，永远伴随着有德的善人。

【智慧全解】

生活中，冤家宜解不宜结，一旦大的仇怨铸成便难以补救。因为仇恨比恩惠更让人刻骨铭心。得罪别人太深，就算赔礼道歉也难消他人心头之恨。报怨以德，这是亡羊补牢的方法，但不如根本就不结怨的好！圣人看到这种冤冤相报的炎凉世态，因而在处理债务问题时只执契约而不肯责讨。向人逼讨欠债，开始时人家还可能客气、赔礼道歉、热情招待，到了穷追不舍时，人家干脆不理睬，甚至赖皮不认账。有的债主心胸开阔一些，只把自己的难处如实告诉对方，对方回想起自己当初的艰难情景，也许就还清账了。要是真的没钱还，逼讨又能起到什么作用呢？

结怨的根源来自于人与人之间的争夺、强迫、占有、索取，要消除结怨，只有拔掉结怨的根。而这只有“圣人”才能做到。

战国时，梁国与楚国相邻，彼此有很深的敌意，都在边境上设立了界亭并驻军。当时，两边的兵卒都在各自的地界里种了西瓜，不同的是，梁国的兵卒十分勤劳，所以瓜秧长势良好，而楚国的兵卒却十分懒惰，以致瓜秧瘦弱，可以说惨不忍睹。

楚国的兵卒觉得很丢面子，于是找了一个晚上，偷跑过去把梁国的瓜秧全都拉断了。第二天，梁国的兵卒发现后，非常气愤，于是报告给县令宋就，要求以牙还牙，去把楚国的瓜秧也都扯断！

县令宋就却说：“楚国人的这种行为当然不对，别人不对，我们跟着学就更不对了。为人不应太小气，这样吧，你们照我的吩咐做，从今天开始，每晚去给他们的瓜秧浇水，让他们的瓜秧也长好。”梁国的士兵听了宋就的话，便照着做了。

楚国的县令听说此事后，对自己人的行为感到十分惭愧，同时也对梁国人的君子作风非常敬佩，便将此事上报给楚王。

楚王认为梁国人有修睦边邻的诚心，就特备重礼送给梁王以示歉意。结果，只因一件小小的瓜秧事件，两个敌对国就化敌为友了，从前的种种仇怨都一笔勾销，从此成了友好邻邦。

常言道：但行好事，莫问前程。在天地万物中，天道是最大公无私的主宰，它无所谓亲疏贵贱，也无所谓有钱无钱，但它会为善恶主持公“道”，尽管它不会告诉你什么是善，什么是恶，但它心里明白什么是善，什么是恶。而且，它在天地之间安放了一杆无形的秤，你就在秤盘里，你要是作恶多端，秤砣就会滑落，让秤失去平衡，摔你下去。你要是与人为善，这杆秤就始终保持平衡，让你怡然自得，灾难与你无关，烦恼与你无缘。

和大怨，必有余怨，安可以为善？是以圣人执左契，而不责于人。有德司契，无德司彻。天道无亲，常与善人。

第八十章　世外桃源

小国寡民①。使②有什伯之器③而不用，使民重死④而不远徙。虽有舟舆⑤，无所乘之；虽有甲兵⑥，无所陈⑦之。使民复结绳⑧而用之。甘其食，美其服，安其居，乐其俗。邻国相望，鸡犬之声相闻，民至老死，不相往来。

①小国寡民：使国家变小，使人民稀少。这是老子在古代农村社会基础上所理想化的民间生活情景。小，使……变小。寡，使……变少。②使：即使。③什伯之器：各种各样的器具。什，十倍。伯，百倍。什伯，意为极多、各种各样。④重死：看重死亡，即不轻易冒着生命危险去做事。⑤舟舆：船和车。⑥甲兵：披盔甲的士兵。⑦陈：通“阵”，布阵。⑧结绳：指文字产生之前，人们用结绳记事。

【译文】

建立的国家要小，人民要少，即使有功效十倍、百倍于人的各种器具也不使用，使人民重视生命、畏惧死亡，而不向远方迁徙。虽然有船只车辆，却没有需要乘坐去的地方；虽然有武器装备，却没有使用它布阵打仗的机会。使人民回复到远古结绳记事的自然状态之中。使人民吃得香甜，穿得漂亮，住得安适，过得快乐。国与国之间可以互相望见，鸡犬的叫声都可以相互听到，但人民直到老死也不互相往来。

【智慧全解】

老子所处的时代，正值周天子分封的上千个小国兼并成了十几个大国的春秋战国时期。随着各国的发展，人口逐渐增多，分封时的疆界不很明确，成了相互争夺地盘的借口。边界战争愈演愈烈，人民开始饱受战争之苦，小国逐渐被大国兼并，形成了列强割据的局面。

面对这样一个让人难以忍受的时代，老子有一种逃离的欲望，这种欲望是正常的，而绝非奢望，如何逃离？老子没有说明，而是向我们描述了他理想中的国度的情景：鸡犬之声相闻的邻国，互通有无、和平相处的交换是有的，但没有互相侵扰的刀兵相见。

老子的幻想并不是毫无根据的，这种理想社会曾在人类历史上存在过相当长的时期，最后随着阶级的出现而灰飞烟灭。那时的理想社会虽不像老子所描述的那样富足，但也并不十分匮乏，那里没有压迫，没有尊贵卑贱之分，人们虽然没有太多的知识，但也没有狡诈、虚伪，没有你争我夺的心智，人和人之间以诚相待、以心交心，大家生活融洽、和谐、幸福。

“甘其食，美其服，安其居，乐其俗。”老子用一连串的排比来叙述他心目中理想社会的真实场景，有味道甘美的食物可供人们食用，有色泽华美的衣服可供人们穿戴，有安定的住所可供人们栖居，有令人愉快的风俗可供人们享受。这些在现代人看来都是极其普通的生命需求，正是这些普通而简单的生活需要，才让人类生命的价值得以提高和升华。

但是，自从人类智慧萌生，物欲勃起后，各种各样的痛苦和战争纷至沓来。社会成了众生的共业，冤冤相报，每况愈下。特别是今天的世界，战火不断，生灵涂炭，战略武器升级，对资源型国家和地区虎视眈眈。搞冷战，搞霸权，给全人类带来了生存的危机。现实无情地告诉我们，人类要健康、快乐、幸福，只有在世界和平的前提下才有可能实现。

老子认为，无论是人与人的纷争还是国与国的纷争，都是由欲望引起的，要想遏止纷争，就必须克制欲望，向“无知无欲”的境界回归。在这样的生活境界里，人们无知无欲，每个人都有一颗赤子之心，质朴而纯洁，彼此和睦相处，纷争自然不会存在。

也许坐惯了轿车、住惯了洋房、用惯了电脑的现代人会认为老子的“小国寡民”是一种历史的倒退。其实，没有比较，就无所谓鉴别；无所谓鉴别，也就无所谓倒退。生活在大山里，从来没见过外面世界的人，并不觉得自己靠两条腿走路有什么不好，粗茶淡饭他们同样吃得很香，陋室之中同样有天伦之乐。

所以，不要认为我们有了轿车就比古人幸福，他们凭双脚也可以走遍万水千山；也许他们一辈子没有出过门是没有见过世面，然而，如今每年春运来临，一票难求，无法踏上回家的路程，也不见得是什么享受。更可怕的是，在外面干了几年活，打了几年工，最后连回家的路费都没有。不要说“小国寡民”太冷清，不热闹，当今世界正在为人口快速增长而愁眉苦脸，人口太多了，资源匮乏了，地球快要超载了。不要说古人穿粗麻布衣太土气，至少古人不会因穿化纤衣物而引发皮肤病；也不要说古人“老死不相往来”会使朋友关系变得生疏，其实距离产生美，古人见一次面、离一次别都会泪眼汪汪，哪像现代人天天用手机联络，朋友之间还有那么多的虚情假意……

所以，幸福不幸福，全在于自己的感觉。有句话说得好：鞋子的样式是做给别人看的，夹不夹脚，舒不舒服，只有自己才知道。做称王霸不一定是好事，做个无欲无求的“小国寡民”也不一定是坏事。

第八十一章　为而不争

信言①不美，美言②不信。善者③不辩④，辩者不善。知者不博⑤，博者不知。圣人不积⑥，既⑦以为人，已愈有；既以与人，已愈多。天之道，利而不害⑧；圣人之道，为而不争。

①信言：真实可信的话。②美言：赞美、夸饰之辞。③善者：言行善良的人。④辩：巧辩、能说会道。⑤博：广博、渊博。⑥不积：不自私，没有占有的欲望。⑦既：全部。⑧利而不害：使万物得到好处而不伤害万物。

【译文】

真实可信的话不漂亮，漂亮的话不真实可信。善良的人不巧说，巧说的人不善良。真正有知识的人不卖弄，卖弄自己懂得多的人不是真的有知识。圣人是不存占有之心的，而是尽力照顾别人，他自己也更为充足；他尽力给予别人，自己反而更加丰富。自然的规律是让万事万物都得到好处，而不伤害它们。圣人的行为准则是，做什么事都不与别人争夺。

【智慧全解】

在《道德经》的最后一章，老子以一句极富鼓动性的话结束了五千言："天之道，利而不害；圣人之道，为而不争。"也许有人会说，自己的东西给了别人怎么会使自己更富有呢？从精神层面来解释，东西（物质的、有形的）给了别人，自己的东西是变少了，但自己的精神财富（无形的）却上了一个台阶，通过给予换来了内心的充实，难道不是让自己变得更富有和充足了吗？假如你能做到以诚待人，不与人争一时之利，在生活中就会少一些敌人，多一些朋友，就能真正感受到生活的美好。

身处现代社会，我们看多了争的例子，尤其是在这个经济搭台、文化唱戏的年代。河南与甘肃争老子的故里，后来深圳也加进来乱起哄；河南的濮阳与山东的济南争舜帝故乡；安徽的滁州与阜阳争着为欧阳修办千年诞辰；一些地方政府讲经营城市，借着民俗气氛，公祭盛行，对古文化遗产你争我夺，直弄得像网友所戏谑的那样：伏羲东奔西走，黄帝四海为家，诸葛到处显灵，女娲遍地开花。最好笑的是，四川青神县竟在政府门里立块广告牌，上书：青神——苏东坡初恋的地方。

以上是争有没有文化，还有人争有没有钱，有没有学问，有没有人脉关系。争来争去，推拉撕扯中，往往掀起了衣角，拉脱了裤子，丢丑卖乖，这无异于横刀自割，精气神自然难以保全。

在圣人的心目中，人世间为了名利或物质享受所发生的争斗，就犹如人在观看两只蚂蚁争夺一块腐烂的肉一样。所谓"不争"，就是指不争功、不争名、不争利。如果说"善者不辩"是提醒人们要注意修口的话，"为而不争"则是劝人们修心向善。"不争"并不是让人们无动于衷而无所作为，而是劝人们凡事要顺其自然，不要一味地巧取豪夺。人世间的觉者都是抱持"为而不争"的心态，默默地为他人奉献而不求回报，与他人没有任何纷争，对社会与自然没有任何索取，这确实是一种超凡脱俗的崇高的精神境界。

清朝康熙年间的名臣张英留下了著名的“六尺巷”的故事，他本人也正是凭借这种肯吃亏的“不争”做法，深得康熙的信任和器重。

张英是安徽桐城人，他在京城做官的时候，家眷并没有一起搬到京城，仍然住在老家。一次，张英老家的邻居吴氏私自占用张家的一块空地，张家想让吴家把地腾出来，吴家却说这块地是他们自己的，两家互不相让。张英的家人就写信到京城，想让张英出面干涉。

张英当时是正一品的大官，想争这么一小块地方，绝对是一句话的事，更何况那块地原本就是他们家的。他的家人好不容易等来了他的回信，拆开一看，却是这么一首诗：

一纸书来只为墙，

让他三尺又何妨。

长城万里今犹在，

不见当年秦始皇。

张英身为官居一品的朝廷大员，有胸襟，也有远见，他劝家人吃这么点小亏算得了什么，万里长城帮助秦朝圈定了那么大的一片江山，现在秦始皇又在哪里呢？如果因为这么一小块地方丢了脸，那才是真正的不值得。

他的家人也很有教养，收到信后，马上依从他的嘱咐让出三尺土地，以表示不再争执。邻居吴家得知以后，很钦佩张家的大度，竟也让出三尺土地。空出的六尺土地被后人称为“六尺巷”，传为美谈。

在苍茫的天地间，人类就如同浩瀚大海里的游鱼，成群结队，大小不一。我们要参与竞争，要被强大的对手吞噬，我们要成长、衰老、消亡，我们都喜欢生而讨厌死，因为生是幸福的，抬头看天上的星星，低头看草叶上的露珠，一切都是那么的让人欣喜和感动。天地给予我们的绝非仅仅这些，这些美丽的事物是天地给予我们的礼物，它无私地给予着，让人类尽情地享受着它带来的美好，它不要求回报，更不用说伤害人类了。圣人也是如此，他默默地奉献而不要求回报，他和万物没有纷争、没有打斗，只有奉献、没有索取，更没有欲望和妄为。这是多么幽远、高深的境界，但他看起来又是这么的普通！

不争，社会才能多份和谐和安宁；都争，则可能是一场空。为而不争，要有良好的心态，有正确的处世态度，有正确的名利观，踏踏实实做人，踏踏实实做事；多为，尽力而为，用现在的话说就是多作奉献。

中国有句俗语叫做“一让两有，一争两无”，人生在世，无论是谁都不可能独来独往地过日子，都要和他人发生千丝万缕的联系。一个喜欢斤斤计较、争名夺利的人，其人际关系往往较差，做起事来很不顺心。相反，那些肯吃点亏、让点步的人，人们都愿意和他打交道，与他合作，互惠互利。由此可见，“竞争”的诀窍在于“不争”。